습관은 반드시 실천할 때 만들어집니다.

좋은습관연구소의 41번째 좋은 습관은 "기적을 만드는 엄마의 말습관"입니다. 매사 자신감에 차 있는 아이, 공부와 운동에 열정적인 아이, 친구를 배려하고 양보할 줄 아는 아이, 금방 싫증 내지 않고 끝까지 해보려는 아이. 그런데 이런 아이가 엄마의 말습관으로 시작된다고 한다면 믿으실래요? 이 책에서 제안하는 50개의 말습관은 특정 상황에서 반드시 써야 하는 엄마의 말입니다. 훈육하는 말, 잔소리가 되지 않도록 하는 말, 까다로운 기질의 아이를 편안하게 하는 말, 내적동기를 만드는 말 등 영유아에서부터 초등까지. 아이의 마음을 열게 하고 엄마의 진심이 전달되는 기적의 엄마 말습관, 다섯 아이의 엄마이면서 아동 교육 전문가(박사)인 저자가 직접 정리했습니다.

"이건 내 이야기다" "내 머릿속에 들어갔다 나왔나? 아니면 나를 관찰하고 있었 나?" 나의 모습을 그대로 보여주고 있는 것 같아 깜짝 놀랐다. 읽는 내내 우리 부부 의 자녀와의 대화 상황이 그려졌다. 그동안 잘못된 말습관이 많았다는 증거일 것 이다. 모든 게 미안해지고, 다시 되돌리고 싶다. 일상에서 긍정적 힘을 만들어 주는 대화 방법! 말 한마디가 무엇인지 쉽게 알려주는 이 책! 양육의 정석, 부모의 정석 이다. 특히 "엄마의 말습관 50가지"를 기억하고 사용한다면 자녀뿐만 아니라 우리 가족, 친구, 사회생활에서 만난 누구와도 공감 가는 대화를 할 수 있을 것 같다. 현 실판 부모 성장책이다.

— 김종선(3남매 엄마)

책을 읽는 내내 삼 형제를 키우며 고군분투하는 내 마음을 보는 것 같기도 하고, 위로받는 것 같기도 했다. 그리고 아픈 어린 시절을 되풀이하지 않으려는 작가의 마음이 꼭 내 마음처럼 느껴졌다. 나 역시 어린 시절 "안 된다"는 말만 듣고 자랐다. 책을 읽으며 그때가 떠올라 마음이 무겁기도 했지만 내가 아이들에게 내뱉는 말 의 근원이 어디서부터 오는 것인지 알게 된 시간이기도 했다. 아들 셋을 키우다 보 니 마음과 달리 목소리가 점점 커지기도 하고 또 잔소리가 끝도 없이 이어질 때가 많다. 아이의 성장에 맞춰 엄마가 실천해야 할 말습관을 상황에 따라 구체적으로 알려주는 꼼꼼함이 너무 좋았다. 틈날 때마다 연습하려고 말습관을 옮겨 적어 화 장대에 붙여놓기도 했다. 엄마 자체가 편안함을 주는 신기루가 되어야겠다는 다 짐을 한다. 때로는 따뜻한 위로가 가득하고 때로는 반성하게 하는 작가님 글에 무 한한 감사와 응원을 보낸다.

— 유진(3형제 엄마)

기.적.을 만드는 엄마의 말습관!! 이건 곧 엄마와 아이, 나아가 우리 가족 모두의 자 존감을 높이는 행복을 위한 책이다. 책을 읽는 동안 어린 시절의 나를 돌아봄과 동 시에 우리 집 아이들(중학생, 유치원생)이 생각났다. 그러면서 오늘 아침 나는 우 리집 1호에게 어떤 말을 했지? 2호에겐 욱! 하며 상처가 되는 말을 한 건 아닌지 되 돌아보게 되었다. 아이에게 버럭 하고 돌아서서 '내가 왜 그랬지?'하며 후회하던 순간이 많았다. 그때마다 유튜브를 찾아보며 육아 관련 채널을 보기도 했지만, 우 리 집 상황과는 거리가 먼 것뿐이었다. 그런데 이 책은 상황별로 '해야 하는 말' 반 대로 '해서는 안 되는 말' 이렇게 예시가 잘 나와 있어 너무 좋았다. 나의 말습관이 바뀔 내 아이의 미소를 볼 수 있다. "나를 행복한 엄마로 만드는 기적" "기적을 만 드는 엄마의 말습관"을 대한민국의 모든 엄마에게 추천한다.

— 홍주미(남매 엄마)

이 책은 '라헬'이라는 이름으로 유명한 백명진 박사의 지식과 경험 그리고 오 남매를 키우면서 온몸으로 육아를 해온, 그야말로 그녀의 모든 체험이 녹아있는 책이다. 책을 읽는 내내 바쁜 육아와 일을 병행하면서도 우리 젊은 엄마들에게 도움을 주고자 진심으로 말하고 있구나 하는 마음이 느껴졌다. 글 속 군데군데 작가의 아픔과 노력이 베어 있어서 세 아이의 아빠인 나에게도 진한 감동이 느껴졌다. 많은 엄마들이 이 책을 곁에 두고 수시로 읽고 실천해보라고 당부드리고 싶다.

— 최훈(유아교육 기업 꼬망세 대표)

오랜 시간 동안 직접 육아를 해온 경험과 수많은 강연을 통해 엄마들을 만나 온 작가의 노하우가 잘 정리된 책이다. 작가는 부모가 가져야 할 말습관의 중요성을 강조한다. 아시다시피 습관이라는 것은 일상에서 꾸준하게 형성되어 자동으로 나오는 반응이다. 아이를 키우다 보면 나도 모르게 내뱉는 말이 의도치 않게 상처 주는 경우가 있다. 책은 잘못된 말습관을 점검하고 꾸준한 연습과 반복으로 건강한 대화를 이어갈 수 있도록 상황별 필요한 말습관을 제시하고 있다. 이 책의 가르침 대로 대화한다면, 아이도 아이지만 엄마로서 한층 더 성장한 자신을 만날 수 있다.

— 김익균(협성대 인문사회과학대학장)

훈육부터 격려까지, 모든 상황 모든 대화

기적의 엄마 말습관 50

라헬 백명진 지음

좋은습관연구소

*

* 이 책에서 제시하는 50개의 상황별 말습관 중 가장 핵심적이
  면서 반복적으로 자주 등장하는 문장 30개를 다시 뽑았습니다.
* 아이 감정에 공감하고 격려하는 문장에서부터 도전 의식을
  깨우고 창의력을 북돋우는 문장, 타인을 배려하고 화난 감정
  을 누그러뜨릴 수 있는 문장. 그리고 평소 아이와 자주 부딪히
  는 상황에서 쓸 수 있는 문장까지. 가장 핵심과 같은 문장 30
  개입니다.
* 이 문장들을 소리내어 따라 해보고, 필요시 인쇄해서 눈에 잘
  띄는 공간에 붙여놓으세요.
* 머리로는 알고 있지만, 아이 얼굴 앞에서는 아무 말도 못 하는
  경우가 많습니다. 꼭 입으로 소리 내어 말해 보아야 필요할 때

말할 수 있습니다.

* 낯간지러움을 없애는 방법은 실제로 소리 내어 말해보는 것입니다. 아무리 좋은 문장도 말하지 못하면 아무 소용이 없습니다.

* 30개의 문장을 암기한다고 생각해도 좋습니다. 매일 하나씩 한 달 동안 암송 해봐도 좋고, SNS로 한 문장씩 써보고 사진 인증을 해도 좋습니다. 쇼츠를 찍어서 매일 SNS에 올려도 좋습니다.

* 혼자 하는 것이 어색하고 쑥스러우면 주변 엄마나 친구들과 같이해도 좋고, 단톡방을 만들어서 그 속에서 실천해봐도 좋습니다.

* 내 아이의 미래를 책임질 수 있는 문장인 만큼, 영어회화 표현 암기하듯 꼭 암송했으면 합니다.

① 사랑해. 고마워. 덕분이야.

② 너는 세상에서 하나밖에 없는 특별한 사람이야.

③ 많이 힘들었구나. 안아줄까?

④ 도와줘서 고마워. 엄마가 힘이 나.

⑤ 마음에 안 드는 게 있어서 속상하구나.

⑥ 던지지 말고 속상하다고 말하면 되는 거야.

⑦ 왜 속상했어? 말해봐, 엄마가 들어줄게. 말하고 싶을 때 엄마 부를래?

⑧ 우와, 어떻게 그런 생각을 한 거야?

⑨ 끝까지 포기하지 않고 해내다니, 대단해!

⑩ ~~했구나, 괜찮아, 쉬운 것부터 해보자.

⑪ 엄마는 어렵던데 대체 어떻게 한 거야?

⑫ 정말 잘 골랐구나. 잘 어울려.

⑬ 더 해보고 도움이 필요하면 말해 줄래?

⑭ 기분이 안 좋구나. 더 놀고 싶었어?

⑮ 힘들 텐데도 잘 참았어. 참고 노력하니 어제보다 훨씬 나아졌어.

⑯ [경청 및 공감]그랬구나. 엄마도 일하기 싫은 날이 있더라.

⑰ [대안 제시]이렇게 하면 어떨까?

⑱ [까다로운 아이 - 예측]어린이집은 재미있게 놀이하는 곳이야. 두 밤 자고
가보자.

⑲ [순한 아이 - 욕구 표현]표정을 보니 마음에 내키지 않는 것 같은데, 네 마음
은 어때?

⑳ [느린 아이 - 용기 주기]괜찮아. 시간이 오래 걸린만큼 정말 꼼꼼하게 잘했
구나.

㉑ 세상에 실수 안 하는 사람은 없어. 실수하며 배우는 거야.

㉒ 너는 어떻게 생각해? 왜 그런것 같아?

㉓ 아침에 일어나기 힘들어? 엄마가 도와줄까?

㉔ 이제 스스로 할 수 있을것 같아. 도전해볼까?

㉕ 엄마가 밥 차릴때까지만 보는 거야. 잘 지킬 수 있지?

㉖ 친구가 양보해줬네. 고맙다고 말해줄까?

㉗ 만약 너라면, 어땠을것 같아?

㉘ 이 중 네가 할 수 있는 것은 어떤 거야?

㉙ 화가 많이 난 것 같아. 조금 더 마음을 가라앉히고 얘기해 볼까?

㉚ 엄마는 네가 얼마나 노력했는지 알기에 다음이 벌써부터 기대가 되는걸!

*

나는 오 남매 중 막내이다.

나의 매력 포인트는 엄마가 그러는데 애교라고 한다.

우리 엄마는 이하온 자체가 애교라고 한다.

엄마는 내 살이 부드럽다고 한다.

엄마는 우리 집에서 내 말투가 제일 예쁘다고 한다.

우리 아빠는 내가 말을 잘한다고 한다.

아빠 닮아서 말을 잘한다고 했다.

하람이형은 내가 우는 모습이 귀엽다고 했다.

나는 사랑덩어리다.

- 2023년 5월, 막내의 일기 중 -

어느 날 아이가 보여 준 일기장을 보았다. 한 글자 한 글자 읽어 내려가는데 입가로 미소가 점점 번졌다. 마지막 문장의 '사랑덩어리'까지 읽고 아이를 바라봤다. 그리고 꼭 안아주었다.

"맞아, 하온이는 사랑덩어리야. 너는 움직일 때마다 사랑이 뚝뚝 떨어져서 온 가족에게 행복을 준단다."

아이를 있는 그대로 존중하고 아이의 눈높이에 맞춰 따라갔던 인고의 시간이 '사랑덩어리'라는 말 속에 다 녹아 있는 것 같다.

엄마로 살아간다는 것. 그것은 이 세상 어떤 것과도 바꿀 수 없는 기쁨을 주기도 하고 세상이 무너지는 절망감을 맛보게도 한다. 아이를 키우며 길을 잃은 기분이 들 때도 있었고 감정 조절이 안 돼 입을 꽉 물고 심호흡을 해야 할 때도 있었다. 아이에게 미안한 날도 많았고 자괴감에 눈물이 날 때도 있었다. 그러나 돌이켜보면 언제나 변치 않는 진실은 '엄마'라는 두 글자 뿐이었다. 아무것도 필요 없었다. '엄마'라는 진실 하나만으로도 아이에게 충분했다.

나는 오랜 시간 동안 엄마로 살아가고 있다. 두 아이의 새엄마로, 세 아이를 홀트를 통해 마음으로 낳은 엄마로 그리고 워킹맘으로 살아가고 있다. 전직 어린이집 원장이었고 지금은 부모교육 강사로 수많은 엄마를 만난다. 내 강의를 들으며 눈물을 훔치는 부모도 자주 만났다. 그들의 눈물을 닦아주고 싶은 마음에 시작한 것이 책 쓰기였다.

　이 책은 '엄마의 말습관'에 대해 말한다. 우리는 매일 아이와 대화한다. 엄마의 말은 아이의 삶을 좌우한다. 사랑덩어리로 살아갈 것인가 불안덩어리로 살아갈 것인가는 엄마와 나누는 대화가 결정적이다. 엄마의 말에 따라 아이의 인생은 천당과 지옥을 오갈 정도로 바뀐다. 아이가 살아갈 인생의 폭과 깊이도 엄마의 말에 결정된다. 그래서 나는 '기적'이라는 단어를 과감히 제목에 썼다. 엄마의 말은 아이에게 기적을 만드는 말이 되어야 한다.

　더불어 이 책으로 육아의 번민 속에 빠져있을 엄마에게 위로와 격려를 전하고 싶었다. 아이가 꼬물거리는 아기였을 때는 육아가 그리 어려운 일이 아닌 줄 알았다. 그런데 오 남매를 키우며 아이의 욕구를 하나하나 알아가는 과정은 어려움의 연속이었다. 한때는 마치 정답을 바라는 것처럼 육아의 공식을 찾아 헤맸던 적도 있다. 하지만 지금은 있는 그대로 아이를 인정하는 것이 엄마의 역할이고 육아라는 것을 잘 안다. 그리고 굳이 공식을 찾자면 엄마의 말습관이라는 것.

　책은 총 3장으로 구성되어 있다. 1장은 이론편으로 아이의 미래를 책임질 엄마로서 꼭 기억해야 할 기본적인 대화의 목적과 태도에 대해 알려준다. 구체적으로 해야 할 말과 하지 말아야 할 말을 구분 지어 쉽게 설명했다. 각 글의 끝에 있는 말습관을 보게 되면 내가 얼마나 하지 말아야 할 말을 나도 모르게 많이 하고 있는지 알게 된다. 이어지는 2장과 3장은 실천편으로 각각 영유아와 초등생을 대상으로 그 시기에 만날 수 있는 다양한 문제 상황에서 화내지 않고 어떤 말을 어떤 식으로 하면 좋을지를 설명했다. 마찬가지로 각 글의 끝에 해야 할 말, 하지 말아야 할 말을 구분 지어 정리했다. 1장에서 3장까지 이 책에서 제시하는 총 50개의 말습관은 마치 공식처럼 암기해 두고 자꾸 소리 내어 읽는 연습을 해두면 좋다. 그래야 입에 익어 자주 말할 수 있다.

빛은 주변의 어둠을 밝히는 희망의 조각이다. 작은 틈새에서부터 시작되는 빛은 희미하지만 존재 자체가 힘이 된다. 엄마라는 존재 역시도 아이에게는 작은 틈새의 빛과 같다. 육아로 밤을 지새우고 번민에 휩싸여 어떻게 해야 할지 갈피를 잡지 못하는 엄마에게 작은 힘이 되기를 소망해 본다.

목차

✳

1장 – 이해편
아이의 자존감을 위해 엄마가 기억해야 할 것

1장 – 이해편

아이의 자존감을 위해
엄마가 기억해야 할 것

육아의 목적은
아이의 자립이다

자립은 성장을 위한 핵심적인 가치이다.
우리는 자신을 믿고 자신의 능력을 믿어야 한다.
- 헬렌 켈러

"내 아이가 어떤 모습으로 이 세상을 살아가기를 원하시나
요?"

나는 간혹 엄마들에게 위의 질문을 한다. 대부분 즉답 대신
진지한 고민의 표정을 짓는다. 이 질문은 본질적으로 육아의
목적을 찾아가게 한다. 모든 부모는 내 아이를 자신감 넘치는
어른 나아가 뛰어난 리더로 키우고 싶어 한다. 수많은 육아 관
련 서적을 읽고 교육 정보를 습득하려고 애쓰는 것도 그 같은
이유다.

2021년 발표한 미혼 남녀의 부모 동거 비율을 보게 되면,
30대 중 50% 이상이 아직 독립하지 못하고 부모와 동거하는
것으로 나타났다(통계청 자료). 이유로는 경제적인 문제가 1순
위였다. 결혼하고 가정까지 이루고 있음에도 부모를 의지하거
나 독립은 했지만 경제적으로 손을 벌리는 일이 여전히 많다는
것을 의미한다. 자신의 삶을 책임져야 하는 '어른'임에도 진정
한 독립은 이루어지지 않은 것이다.

자립이란 삶을 스스로 책임지고 해결하는 능력으로 독립적
으로 생활하고 선택할 수 있는 상태를 말한다. 아이가 성인이
되기 위해서는 정신적으로 의존했던 탯줄을 과감히 끊어 내야
한다. 그리고 삶의 중요 순간마다 스스로 결정할 줄 알고 원하

는 것을 정확히 표현하고 요구할 줄도 알아야 한다. 그래야 사회의 일원으로서 행복하게 살아갈 수 있다.

부모의 역할이 어려운 이유는 무엇일까? 자유와 한계라는 사이에서 균형을 지켜야 하기 때문이다. 아이가 강한 독립심을 가질 수 있게 자유를 허락하면서도 험한 세상으로부터 아이를 보호하고 지키는 일도 해야 한다. 아이가 온 힘을 다해 달리다 돌부리에 걸려 넘어진다면, 상처를 잘 만져주는 것도 필요하지만 스스로 일어서서 다시 뛸 수 있도록 도와줘야 한다.

도전과 용기가 시작되는 원천, 엄마

아이의 건강한 인격 형성에서 가장 중요한 것은 엄마와의 안정적인 관계이다. 영국의 심리학자이자 애착 이론의 창시자인 존 보울비(John Bowlby)는 "나쁜 가정이 좋은 기관보다 낫다"라고 했다. 아이가 가정을 경험하지 못하면 정신건강의 기초가 세워질 수 없음을 뜻하는 말이다.

아이에게 필요한 것은 안정적인 반응을 하는 엄마이다. 안정적인 엄마는 따뜻하고 민감하다. 아이의 요구사항을 잘 파악하고 적절히 반응한다. 무엇보다 아이의 존재 자체를 기뻐한다. 아이를 있는 그대로 인정하는 엄마의 강한 신뢰는 아이의 자존감을 높인다. 그리고 아이를 둘러싼 모든 환경을 의미 있게 연결한다. 그런데 엄마가 아이에게 자립을 위한 최적의 환경을 제공하지 못하고 하나에서 열까지 직접 준비하며 과잉보호한다면? 아이는 한 발자국도 움직일 수 없고 작은 일조차도 해낼 수 없다.

의존하게 만드는 신념

내 아이는 똑똑하고 특별해.

반드시 내 아이는 성공해야 해.

내 아이는 손해 보면 안 돼.

나는 아이에게 완벽한 엄마가 되어야 해.

자립하게 만드는 신념

내 아이의 강점을 찾아야 해.

주체적으로 살아갔으면 좋겠어.

인간관계가 원만했으면 해.

완벽한 육아는 없어. 부족한 부분은 보완하면 돼.

부모는 아이가 성장할수록 초심을 잊는다. 다른 아이에 비해 뒤처지는 모습이 마냥 불안하다. 그리고 앞서 가는 다른 집 아이들을 보며 당장 무언가를 하지 않으면 뒤처지는 것 같아 마음이 조급하다. 꼬물거리는 아기를 품에 안고 마주했을 때의 기쁨은 어느새 사라져버리고 만다.

한때는 아이의 존재만으로도 기쁨과 행복의 감정을 느끼던 시절이 있었다. 그때는 순수하고 해맑은 영혼인 아이에게 아무 것도 바라지 않았다. 아이는 여전히 그런 사랑을 원한다.

엄마와 아이의 좋은 관계는 어떤 양육 기법보다도 중요하다. 아이와 엄마의 건강하고 행복한 관계의 시작은 엄마의 말에서 부터 출발한다. 아이를 일관적으로 대하고 늘 침착하려고 애쓰는 엄마, 때로는 슬프고 골치 아픈 일을 겪더라도 긍정적으로 처신하는 엄마, 아이는 그런 모습을 보며 엄마의 말을 배운다. 아이가 작은 사회인 가정의 울타리 안에서 안정감을 느껴야 세상을 향해 나아갈 용기도 생긴다.

아이와 세상을 이어주는 엄마와의 관계

실패 없는 인생은 존재하지 않는다. 미국의 정치인이자 대통령이었던 케네디는 "실패 경험이 적은 사람일수록 위험을 감수하지 않으며, 더 큰 성공을 놓칠 수 있다"라고 했다. 아이는 실패를 반복하며 성공을 향해 다가간다. 부모가 대신해주면 실패의 의미를 알 수 없다. 그리고 자신이 스스로 해냈다는 성취감도 맛보지 못한다. 가정에서 실패를 경험하고, 부모를 통해 실패를 이겨내는 방법을 배우는 것이 최고의 교육이다.

스위스의 교육학자 장자크 루소(Jean-Jacques Rousseau)는 그의 저서 『에밀』에서 "아이가 세상의 온갖 풍파를 직접 경험하지 않고서는 삶을 온전히 살아갈 수가 없다"라고 말했다. "아이를 온실의 화초처럼 키우면, 작은 환경의 변화에도 적응하지 못해 곧 파멸하고 만다"라고 강조했다.

인생의 쓴맛 단맛을 어느정도 경험한 부모이다. 자신이 경험한 실수와 실패를 아이의 삶에서는 최대한 줄여주고 싶은 게 부모의 마음이다. 그러다 보니 아이의 행복을 위하는 일이라며 빈틈없이 계획을 세우고, 일일이 간섭한다. 이게 최선이라고 엄마 스스로를 위로하면서 말이다. 하지만 안타깝게도 그렇게 자란 아이는 엄마 없이는 세상 밖으로 나갈 용기를 내지 못한다. 아이가 살아갈 시대는 변화무쌍하다. 변화를 수용할 줄 아는 아이로 성장해야 한다. 자신의 삶을 당당하게 살아가는 법을 알려줘야 한다.

언젠가는 자녀를 놓아준다. 그러려면 아이가 인격적으로 분리된 존재라는 것을 부모부터 인정해야 한다. 아이의 자립심은 어느 순간 갑자기 형성되는 것이 아니다. 엄마와의 좋은 관계가 빛나는 토양이 될 때 자립의 뿌리 또한 내릴 수 있다.

아이가 외부의 평가에 흔들림 없이 자신감을 가지고 행복하게 살아가기를 원한다면 육아의 목적을 확실히 해야 한다. 육아는 아이를 건강한 사회 구성원으로서 떠나 보낼 준비를 하는 과정이다. 아이는 언젠가는 부모의 곁을 떠나 자립한다. 부모의 역할은 자립할 수 있는 기술을 전수하고 주도적으로 살아가도록 돕는 것이다. 사회를 떠나서는 결코 존재할 수 없는 게 인간의 삶이다. 여러 사람과 어울려 친밀한 관계를 유지할 때 삶의 만족도도 올라간다. 이를 가르치는 것이 육아의 핵심이다.

엄마의 자존감은
아이에게 대물림된다

자존감이 낮은 사람은 자신에게 매우 엄격하고 다른 사람들에게 의지한다.
자존감이 높은 사람은 자신을 이해하고 다른 사람들과 협력한다.
- 데일 카네기

나 자신의 연약함을 마주하기

엄마는 아이의 인생에 주문을 거는 위대한 마법사다. 아이의 자존감을 위한 마법은 생각보다 간단하다. 아이가 바라는 것이 무엇인지 살펴보고 아이의 의견을 물어보는 것이다. 그리고 아이 말에 공감하며 반응하는 것이다. 엄마의 말, 행동, 눈빛, 표정 모두가 아이의 자존감을 키운다. 아이는 자신의 행동과 말에 따라 엄마가 보이는 반응을 보고 자신의 가치를 결정한다.

그러나 마음과 달리 아이에게 감정적인 말을 하고 후회하는 부모가 많다(사실 모든 부모가 그렇다). 왜 자꾸 내 마음과는 달리 욱하게 되는 걸까? 그것은 바로 나(부모)의 약점 때문이다. 인간이라면 누구나 약점이 있다. 무의식중에도 고개를 드는 약점은 내가 원하지 않을 때도 반응한다.

육아가 유난히 벅차고 힘들게 느껴질 때, 그때는 내 약점 프레임 때문에 마음이 왜곡되어 있는 것은 아닌지 살펴야 한다. 대부분의 부모는 아이를 키우며 잊고 지내던 자신의 과거가 갑자기 떠오르는 것을 경험한다. 아이를 보다 보면, 자신의 어린 시절이 자동으로 물 위로 떠오른다.

혹 어린 시절 부모로부터 상처받은 일이 있다면 그 일을 다시 마주하는 일은 매우 힘들다. 나를 사랑하지 않았다는 사실을 다시 만난다는 것 자체가 깊은 슬픔이다. 하지만 그렇게 함으로써 고통의 원인은 내가 아니라 나의 엄마에게 있었음을 깨닫는다. 그러면서 지금의 내 아이가 하는 실수와 문제 행동을 다르게 본다.

약점을 가진 엄마임에도 자신을 사랑하지 않는다면, 아이 역시도 자신을 사랑하는 법을 배우지 못한다. 그렇기 때문에 육아의 길목에서 방향을 잃지 않으려면 자신의 약점을 피하지 말아야 한다. 나의 불완전함을 인정하고 받아들여야 한다. 약점을 외면하고 완벽함이라는 커튼 뒤에 숨는다면 삶은 갈수록 엉망이 되고 만다. 그러나 자신의 약한 부분을 정면으로 마주한다면 앞으로 살아갈 인생의 큰 에너지가 된다.

자존감의 회복

나는 어린 시절 대부분을 부모의 부재 속에서 자랐다. 생후 100일 무렵, 부모가 이혼을 했고 조부모가 나를 키웠다. 그 이후, 내 삶에는 새엄마만 세 명이나 된다. 여섯 살 때, 계란을 사오라는 새엄마의 심부름을 하다가 돈을 하수구에 빠뜨렸다. 이때부터 시작된 새엄마의 구타와 독설은 학대로 이어졌다. 스물한 살 때, 그토록 꿈에 그렸던 생모를 만났다. 그런데 다시 버림을 받으며 자존감은 땅바닥으로 내동댕이 처졌다. 인생이 캄캄

한 터널이었다. 내가 쓸모없는 존재라는 생각으로 유년기가 채워졌다.

그러면, 지금은? 나의 자존감은 회복되었을까? 물론이다. 아니러니하게도 내 나이 20대 중반에 초등학교 1학년 딸, 중학교 1학년 아들의 새엄마로 신혼생활을 시작했다(이후 나는 3명의 아이를 더 입양했다). 보울비는 "(많은 부모가) 어린 시절 경험했던 부모의 양육 스타일을 그대로 반복하는 경향이 있다"라고 말했다. 하지만 나는 내 상처를 고스란히 아이들에게 되풀이할 수 없었다. "절대로 아이들에게 말로 상처를 주지 말자"라고 결심했다. 아이들과의 좋은 관계를 위해 가장 먼저 한 일은 어린 시절의 나를 위로하는 것이었다. 그리고 잘할 수 있을 거라며 매일 다짐했다. 하지만 나와의 약속을 지키는 일은 뼈를 깎는 일이었다. 아이들에게 내 감정을 표출하지 않으려 노력했고 큰 아이들이 성인이 될 때까지 잘 지켜냈다.

많은 학자와 전문가들의 주장처럼 자존감은 영구적이지도 않고 고정적이지도 않다. 이미 형성된 자존감일지라도 충분히 변할 수 있고 회복될 수 있다. 그러니 어릴 적 부모와의 관계를 되돌아봐야 하는 이유는 분명하다. 설령 어린 시절 상처가 아물지 않아 나를 괴롭히고 지금의 내 아이에게 나쁜 영향을 줄 것 같아도 피하지 말고 깊게 대면해야 한다. 나도 모르게 내 부모의 모습을 답습하여 육아에 좋지 않은 영향을 주고 있다면 과감하게 끊어내야 한다. 내 아이를 위해서라도 용기를 내야 한다.

　이 책을 읽는 독자분들은 잠시라도 의미 있었던 어린 시절로 여행을 다녀왔으면 좋겠다. 자존감을 돌아보는 여정이 시작되는 그 순간이 바로 회복의 신호탄이다.

얼마든지 회복할 수 있는 엄마의 자존감

　누구나 타인을 의식하지 않고 주체적으로 살아가는 삶을 동경한다. 자존감은 나의 가치관이 흔들리지 않고 주체적으로 살아가게 하는 힘을 준다. 있는 그대로의 나를 존중하게 하는 힘을 준다.

　자신을 존중하지 못하면 내 자식도 존중하기 어렵다. 아이는 부모를 모방하며 학습한다. 부모가 자신을 존중하는 모습을 보일 때 아이도 스스로 존중하는 법을 배운다. 자존감이 건강한 엄마는 불안하지 않기 때문에 성급하게 서두르지 않고 여유로움으로 아이를 바라본다. 자신을 긍정적으로 인식하기 때문에 육아도 안정적이다.

　내 아이를 위해서라도 스스로 회복하는 힘을 길러야 한다. 육아를 하다 보면, 누구누구 엄마로서 살아가는 것이 마치 전부인 것처럼 느껴질 때가 있다(내 이름은 사라지고 누구누구 맘mom이 된다). 아이가 어릴수록 눈을 감았다 뜨면 하루가 다 간 것 같을 때가 한두 번이 아니다. 그러나 여전히 나의 영역(공간과 시간)도 있음을 기억해야 한다. 자존감 회복을 위해서는 에너지 방향을 내부로 돌려야 한다. 나의 건강한 내면을 위해 자신에게 집중하는 시간을 만들어야 한다.

잠시라도 나를 들여다보고 자아의 근력을 키워보자. 잘 만들어진 자아는 불안한 감정이 올라올 때 합리적인 해결책을 찾도록 도와준다. 건강한 자아를 위한 필수 요건을 꼽으라면, 아이러니하게도 삶의 시련이다. 어떻게 극복했느냐가 자아 형성의 핵심이 된다. 갑자기 찾아오는 시련을 잘 극복하려면 삶의 지혜와 태도가 중요하다. 우리는 시련이라는 경험을 통해 세상을 유연하게 살아가는 지혜를 배운다. 그러니 어느 날 찾아오는 시련(그것이 육아든 다른 무엇이든)을 부정적으로만 해석하지 말자.

엄마가 높은 자존감을 갖고 있다면 아이도 자존감이 높은 아이로 성장한다. 아이의 자존감은 부모와의 관계에서 출발한다. 관계가 좋아야 아이와의 대화가 찰떡같이 잘 통한다. 긍정적인 대화의 경험이 반복될수록 아이의 자신감은 커진다. 자신이 꼭 필요한 존재임을 아는 것은 아이의 자존감에 꽃이 피고 있다는 증거가 된다.

자존감 회복을 하는 방법

엄마인 나부터 자존감을 회복할 방법을 찾아보자. 첫 번째로 나를 돌아볼 시간을 짧게라도 확보하자. 내면에 조용히 집중할 수 있는 시간을 만들어 스트레스를 해소하자. 그리고 좋아하는 일, 사랑하는 사람과 감정을 나누고 힐링하는 시간이 필요하다. 몸을 돌보고 영혼을 위로하는 시간은 자존감 회복에 좋은 영향을 준다. 나는 1년에 한두 번은 꼭 동료 교사(어린이집 교사나 원장님)들을 찾아 대화를 하고 그사이 내가 공부한 것들을 함께 나누는 시간을 갖는다. 이순간만큼은 내가 이세상에서 꼭 필요한 존재라는 것을 느낀다. 이런 시간을 우리는 일부러라도 만들어야 한다. 나에게 그런 순간이, 그런 일이 어떤 것이 있을지 생각해보자.

두 번째, 어린 시절의 아픈 순간을 위로하자. 상처받은 어린 날을 되돌아보는 것은 생각보다 쉽지 않다. 오직 나만이 안다. 그 순간이 얼마나 슬프고 고통스러웠는지! 그럴수록 깊게 나 자신을 위로해야 한다. 나만이 할 수 있는 일이다. 갑작스럽게 올라오는 감정 때문에 나답지 않은 행동이 반복된다면 반드시 그 시절의 나를 끄집어내서 대면해야 한다. "많이 힘들었지?" "애썼어." "어린 날의 너는 잘못이 없었어. 그래도 잘 견디고 잘 지내왔어."

세 번째, 있는 그대로 나를 봐주는 사람을 만나거나 그런 사람들이 있는 모임에 나가야 한다. 건강한 인간관계는 자존감에 긍정적인 영향을 준다. 매일 만나는 배우자나 자주 보는 친구에게는 위로받지 못하지만 일 년에 한 번 통화할까 말까 하는 먼 지인으로부터 뜻밖의 위로를 받을 때가 있다. 묵은 체증이 내려가는 것 같은 시원한 느낌이 든다. 왜 그럴까? 판단하거나 해석하지 않고 있는 그대로 들어주기 때문이다. 평가하지 않고 듣기만 한다는 것은 정말 위대한 일이다.

네 번째, 완벽한 육아는 존재할 수 없다고 인정하자. 완벽한 육아 공식은 세상 어디에도 없다. 아이의 미래를 위해 아무리 치밀하게 계획해도 아이를 그 안에 끼어 맞추는 것은 불가능하다. 완벽한 엄마가 아니라 좋은 엄마가 되기 위해 노력하자. 내 생각을 아이에게 강요하는 것이 아니라 아이가 원하는 것을 적절히 제공하는 엄마가 좋은 엄마다.

다섯 번째, 내가 느끼는 불안한 감정에 관심을 갖자. 그리고 필요하다면 전문가의 도움을 받자. 불안한 감정은 부정적인 기운으로 나와 주변 사람에게 나쁜 영향을 준다. 불안을 다스리는 기술과 방법에 대해 관심을 가져야 한다. 그래야 예기치 않은 감정에서 빨리 벗어날 수 있다. 불안함은 일관성이 중요한 육아에 전혀 도움이 되지 않는 감정이다.

마지막은 나를 사랑하는 것이다. 오늘도 육아의 길목에서 아이를 잘 키우려고 얼마나 발버둥치며 노력을 했을까? 나만이 안다. 혹시, 오늘 실수했더라도 괜찮다. 잘하려는 마음에서 비롯되었을 뿐이다. 나를 사랑하는 법은 의외로 간단하다. 나를 칭찬하고 격려하면 된다. 거울을 보고 나 자신을 향해 말해주면 된다. 그런데 입을 떼는 순간, 스스로 부끄러움에 닭살이 돋았다면 내 자아가 나의 인정에 목말랐다는 증거다. 나를 보고 웃어주며 손을 뻗어 내 머리를 쓰다듬어 주자. 그리고 이렇게 말하자. "오늘도 아이와 잘 지내려고 노력한 나, 애썼어." "떼쓰는 아이에게 소리 지르고 싶은 거 끝까지 잘 참았어. 대단해." "오늘 많이 힘들었지? 수고했어." "아이에게 욱하고 소리 질러서 자책하며 힘들었지? 다음부터 잘하자. 할 수 있어." "애쓰는 너를 응원해. 너 정말 멋져." "오늘 하루도 잘할 수 있어, 파이팅!" "너는 이미 좋은 엄마야."

육아는 긴 여정이다. 엄마는 어렵고 힘든 날들을 극복할 줄 알아야 하고, 때로는 원점으로 돌아가 다시 시작할 용기도 내야 한다. 모든 것은 나의 자존감에서 비롯된다. 자존감은 나 자신을 어떻게 평가하고 받아들이는지에 대한 인식과 감정이다. 자존감이 약한 부모는 무슨 일이 생길 때마다 마음이 흔들린다. 그러면 아이도 방향을 잃고 헤멘다. 부모의 자존감은 아이에게 방향타 역할을 하며 나아가 대물림도 된다는 사실을 꼭 기억하자.

03

다른 아이와의
비교는
불행의 시작이다

모든 불행의 시작은
남들과 비교하는 것으로부터 시작된다.
- 쇼펜하우어

만병의 근원, 엄마의 비교

방정환재단에서 2021년에 발표한 자료를 보게 되면 우리나라 어린이·청소년의 행복지수는 OECD 22개국 중 꼴찌를 기록한 것으로 나온다. 더욱 안타까운 것은 아이들이 뽑은 '행복을 위해 가장 필요한 것' 1위가 '돈, 성적 향상, 자격증'이었다. 나쁘게만 볼 수는 없지만, 서글픈 감정이 드는 건 어쩔 수 없다.

물질에 가치를 두면 행복지수는 떨어질 수밖에 없다. 우리는 경쟁 사회에서 매일 다른 아이와 내 아이를 비교하고 우열을 가린다. 그리고 뒤처지는 것 같으면 조바심을 낸다. 독립된 인격체로 아이를 존중하고 아이 스스로 자신의 가치를 키울 수 있게 돕지 못하고 온갖 비교와 경쟁으로 병들게 한다.

내 아이가 으뜸이 되기를 바라는 마음에서 끊임없이 비교하는 것이 아이의 신체적 질병은 물론이고 정신 건강에도 문제가 된다는 사실을 수많은 연구가 말해준다. 습관처럼 계속되는 비교는 아이를 병들게 한다는 사실을 많은 연구자들이 확인했다.

평생의 반려자가 다른 집의 아내(혹은 남편)와 나를 비교한다면, 좋던 기분도 순식간에 망가진다. 우리는 비교가 결코 좋은 영향을 주지 않는다는 것을 잘 안다. 그럼에도 끊임없이 다른 집 아이와 내 아이, 그리고 형제자매끼리도 비교한다. 심지어 미디어(방송 등)에 나오는 아이와도 비교한다. 신생아 때는 키와 몸무게, 이유식 먹은 양을 다른 아기와 비교하고, 어린이집에 갈 무렵에는 누가 언제부터 말을 했는지, 누가 기저귀를 먼저 뗐는지, 한글을 읽는 아이는 누구인지 비교한다.

엄마의 높은 기대 이면에는 실망이 존재한다. 기대와 현실의 차이를 좁히는 방법은 아이를 밀어붙이는 것밖에 없다. 그렇지만 아이가 기대에 미치지 못하면 엄마의 말이 곱게 나올리가 없다. 부드럽게 말했다 하더라도 비교에서 비롯된 말은 날카로울 수밖에 없다.

아이가 마음을 열고 대화하고 싶은 상대는 그 누구도 아닌 부모다. 아이는 부모의 말 한마디에 한순간 무너지기도 하고 일어서기도 한다. 본능적으로 부모의 인정을 받고 싶어하는 아이는 자신이 가진 능력 밖의 일을 시도하다 한계에 부딪힌다. 하지만 부모의 평가가 좋지 않은 순간, 새로운 도전을 두려워한다. 위로받지 못하는 불안한 감정이 지속되지만 마음은 쉬지 못한다. 예민함이 가득하며 주변 환경의 작은 변화에도 쉽게 흥분한다. 비교로 아이를 변화시키는 것은 불가능하다는 것을 부모인 우리는 알아야 한다.

형제자매의 비교

미국의 심리치료사인 데이비드 번스(David D. Burns)는 비교의 말이 형제자매에게 미치는 영향에 대해 연구했다. 부모가 형제자매를 비교하는 말을 자주 하면, 아이가 성인이 되어서까지 정신적인 어려움을 겪는 경우가 허다하다고 했다.

성격 형성에 부모 못지않게 영향을 주는 요인이 형제자매다. 형제자매는 한 공간에서 부모의 사랑과 정서를 같이 공유한다. 부모에게 더 인정받기 위한 욕구가 강할 수밖에 없다. 어떻게든 자신이 형제보다 부모의 사랑을 더 얻고자 끊임없이 확인하고 관심을 요구한다.

특이한 점은 형제자매의 비교 속에서 인정욕구가 지나쳐 완벽주의적 성향을 갖는 아이가 있다는 것이다. 완벽주의 성향을 가진 아이는 자신에 대한 기준을 세우고 절대 실수를 허용하지 않는다. 지나치면 자기 비하, 자책 등을 하게 된다. 그러면 삶의 질이 낮을 수밖에 없다. 완벽주의로 위장했지만, 마음의 본질은 실수에 대한 두려움으로 가득차있다. 목표를 달성하지 못하면 부모가 실망할까 봐 불안해하고 목표를 달성했더라도 내면이 안정되지 않아 만족하지 못한다. 그러면서 자신의 완벽을 증명하려고 애쓴다.

형제자매의 비교로 상처를 받으면 자신감을 키워나가기가

매우 어렵다. 뛰어난 재능을 갖고 있음에도 스스로를 인정하지 못한다. 너무 가여운 아이의 인생이다. 최고의 사랑은 아이를 그대로 인정하고 받아들이는 것이다.

아이의 고유한 특성을 인정하기

아이가 엄마를 깊이 사랑하고 있다는 것을 느낀 적이 있는지, 부모 교육에 참여했던 엄마에게 질문했다.

"키즈카페에서 물을 쏟았어요. 곁에 있던 딸이 '엄마, 물 쏟았어? 괜찮아. 닦으면 되지'라고 하더라고요. 저는 아이가 물을 쏟으면 잔소리부터 했을 거예요. 그런데 아이는 저를 탓하지 않더라고요. 갑자기 아이에게 미안해지네요."

엄마는 결국 눈시울을 붉혔다.

잠시 상상해보자. 엄마를 바라보던 아이의 눈빛은 어땠을까? 부모가 아이에게 보내야 할 눈빛도 이와 같아야 하지 않을까? 갓난 아기는 언어발달이 이루어지지 않아 엄마와 소통할 방법을 찾는다. 표정은 강력한 비언어적인 소통 방법이다. 아기는 소통하기 위해 엄마의 다양한 표정의 의미를 파악한다. 어느새 엄마의 얼굴 주름 방향에 따라 감정을 인지할 정도가 된다. 엄마가 웃으면 같이 웃고, 엄마가 속상해하면 같이 시무룩해진다. 이 세상에서 나의 섬세한 표정까지 읽을 만큼 나를 사랑해주는 존재가 또 있을까? 영유아 시기에 아이가 부모를 사랑하는 깊이는 결코 부모가 자식에게 하는 것 못지않다. 아니, 어쩌면 그보다 더 깊다. 우리는 아이를 통해 사랑을 재정의해야 한다. 아이처럼 조건없는 사랑을 연습해야 한다. 그러려면 타인과의 '외부' 비교 대신 '내부' 비교로 방향을 전환해야 한다.

내 아이의 어제와 오늘을 비교하라는 유명한 말이 있다. 내 아이 안에서 잘하는 부분과 부족한 부분을 비교하는 것이다. 그러면 아이는 상처받지 않는다. 비교를 긍정적으로 사용하면서 동기부여와 열정으로 전환한다.

모든 부모는 아이가 세상을 주체적으로 당당하게 살아갔으면 하고 바란다. 그러려면 아이가 이 세상에서 대체 불가능한 유일한 존재라는 것을 가슴 깊이 인정해야 한다. 우리는 환경, 기질, 부모의 양육방식, 성격 등 수많은 요인의 작용으로 저마다 다른 가치관으로 살아간다. 나답게 살아갈 때가 가장 행복하다는 것을 너무나 잘 알고 있다. 아이도 마찬가지다. 있는 그대로 인정받을 때 비로소 안정감을 느낀다. 이 말을 깊이 새기자.

04

발달 단계에 따라
대화법도 달라진다

대책도 없이 교육을 서두른다면
당신은 곧 방향을 상실하고 말 것이다.
- 루소

영아, 세상을 만나게 해주는 엄마의 말

미국의 정신분석학자 에릭 에릭슨(Erik H. Erikson)은 개인의 심리와 사회적 상호 작용의 중요성을 강조했다. 인간의 전 생애를 총 8단계로 제시했다(1단계부터 4단계까지가 초등학생까지인 11세까지의 단계를 다룬다). 아이의 발달 과정을 이해하는데 에릭슨의 이론은 많은 도움을 준다.

돌 무렵, 아이는 자신을 돌봐주는 부모와 신뢰를 형성한다(1단계). 주 양육자와의 관계는 아이가 앞으로 다른 사람과 관계를 맺어가는 기초 역할을 한다. 부모가 아이의 기본적인 요구를 일관성을 갖고서 적절히 해결해주면 아이는 엄마를 신뢰한다. 그런데 그렇지 않고 반대가 되면 불신이 형성되고, 아이는 세상을 부정적으로 보고 위험한 곳으로 인식한다.

중요한 것은 높은 신뢰 상태의 유지이다. 쉽게 말해 아이가 뭐가 맞지 않아 울음을 터트리고 떼를 쓰는 상황에서도 정말 급하지 않다면 잠시 기다리는 것이 신뢰를 유지하는 방법이라는 것이다. 아이는 이 과정을 통해 해볼 수 있는 데까지 해보지만, 만약 잘 안 되더라도 엄마가 날 도와줄 것이라는 희망적인 태도를 갖게 된다. 이는 향후 어떤 어려움과 좌절에도 긍정적인 태도를 갖는 기반이 된다.

생후 3년까지는 급격한 신체 발달로 스스로 무언가를 하려는 자율성이 형성되는 시기다(2단계). 아이는 자아를 인식하며 주변을 활발히 탐색한다. 에너지가 매우 역동적일 때다. 이때는 "내 거야" "아니야" "내가" "싫어" "이거 뭐야?"라는 말을 자주 한다. 태어나서 처음 경험하는 세상은 두렵기도 하지만 탐색하고 싶은 것도 많다. 하지만 아이는 아직 언어와 감정 표현이 미숙하다. 떼를 쓰거나 우는 것으로 문제를 해결하기도 한다. 엄마는 아이의 감정을 읽어주고 호기심을 자극하는 말로 도전 의식을 심어주면서도 언제든 너를 도와줄 준비를 하고 있다는 안정감을 주는 것이 필요하다.

아이는 신체 조절 기술이 부족해 실수를 자주 경험할 수밖에 없다. 이때 과잉보호하거나 탐색할 기회를 주지 않는다면 아이는 수치심을 갖게 된다. 수치심은 부정적 자아로 이어져 낮은 자존감을 갖게 한다.

유아, 자신감을 높여주는 엄마의 말

영아를 지나 유아(4세부터)시기는 언어와 인지가 폭발적으로 발달하며 또래와 놀이하는 것을 선호하는 때이다(3단계). 스스로 놀이를 계획하고 성취하면서 주도성을 발달시킨다. 활동 반경이 넓어지고 에너지도 매우 역동적이다. 아이의 에너지는 엄마의 에너지를 훌쩍 뛰어넘는다. 호기심이 넘쳐 어디로 튈지도 모른다. 무슨 일이든 자신이 하겠다고 고집을 부리고 한 치의 양보도 없다. 이때 아이와의 신경전과 잔소리는 의미가 없다. 아이의 고집을 꺾었다고 할지라도 승리 없는 승전고일 뿐이다.

주도성이 높은 아이는 놀이를 리드하려는 경향성이 강하다. 하지만 이것이 지나쳐 고집을 부리는 것으로 연결 될 때도 있다. 이때 강한 통제나 체벌을 가하면 아이는 죄책감을 갖는다. 다른 아이에게 피해 주지 않았지만, 자신의 탓 같고 불안하며 두려움을 느낀다. 아이의 선한 의도를 믿고 주도권을 허용하는 용기가 필요하다. 호기심을 가지고 궁금해하는 것이 있다면, 스스로 해결해 나갈 수 있도록 지켜보는 것을 우선으로 해야 한다. 엄마는 아이를 지켜보며 도와줄 적절한 타이밍을 찾기만 하면 된다. 아이가 관심을 보이는 부분에 함께 관심을 보이면, 아이는 자신의 역량을 마음껏 펼친다. 아이의 호기심을 긍정적으로 바라보는 것이 중요하다.

초등학생, 노력과 열정을 펌프질하는 엄마의 말

이제, 아이는 가정이라는 울타리를 벗어나 학교라는 새롭고 넓은 세계를 만난다(4단계). 그러나 처음 경험하는 학교 생활은 실수투성이다. 이럴 때 엄마가 잘잘못을 따지고 지적하면 자신감이 떨어지고 관계까지도 나빠진다. 아이가 노력한 부분을 집중하며 격려하는 엄마의 말이 중요하다.

에릭슨은 초등학교 시기가 아이의 자아가 성장하는 결정적인 시간이라고 말했다. 부지런한 근면성이 발달하고, 학습이 본격적으로 시작되고, 친구가 삶에서 중요한 존재로 다가오는 시기이며 학습을 통한 인지능력과 친구를 통한 사회기술을 익히는 때라고 말했다. 이때는 아이가 부모의 행동 하나하나를 매우 의미 있게 받아들이고 무의식적으로 학습한다. 그래서 부모의 언행이 매우 중요하다.

다양한 것을 학습하고, 친구 관계를 중요하게 생각하는 시기인 만큼 격려의 말이 중요하다. 학교생활을 하며 겪는 수많은 어려움에서도 성실하게 끝까지 견디게 하는 힘이 바로 격려이다.

살아 움직이는 것은 모두 제 나름의 속도가 있다. 아이도 아이만의 때라는 게 있다. 하지만 부모는 아이가 세상의 빠른 흐름을 따라가지 못할까 봐 그리고 뒤처질까 봐 마음이 급하다. 하지만 재촉하지 않아도 때가 되면 자신에게 맞는 옷을 찾아 입는 것처럼 아이는 가장 편안할 때 건강하게 성장한다. 아이를 잘 키운다는 것은 고유한 아이만의 때를 인정하는 것이다. 엄마는 끝없이 인내하고 기다리는 존재임을 기억하자.

감정과 요구를 읽어주는 말

배가 고파서 우는구나.

블록이 끼워지지 않아서 답답하구나.

빵이랑 주먹밥에서 골라봐.

다시 한번 해볼까? 엄마가 도와줄까?

속상하지? 이리와, 안아줄게.

감정과 요구를 무시하는 말

울지마, 뚝 그쳐.

왜 짜증을 내고 그래!

엄마가 먹으라는 거 먹어.

고집부리지 말고 하라는 대로 해.

별 일도 아닌데 왜 울어?

주도성을 높여주는 말

우와, 깨끗해서 기분 좋아. 장난감을 제자리에 정리했네.

설명서를 보고 조립했어? 잘했어.

친구에게 색종이를 나누어주었구나. 친구가 좋아하네.

도와줘서 고마워. 엄마가 힘이나.

만약 ~라면 어떤 기분이 들 것 같아?

죄책감을 심어주는 말

정리하라고 도대체 몇 번을 말해야 알아듣니?

엄마가 해 줄게. 네가 하면 너무 오래 걸려.

너 혼자 생각하지 말고 엄마에게 물어보고 결정해.

네가 뭐가 힘들어. 엄마는 더 힘들어.

왜 이렇게 이기적이야?

엄마의 말습관 3

도전과 성취를 격려해주는 말

왜 이런 냄새가 날까?

음악을 듣고 어떤 기분이 느껴져?

다음부터는 어떻게 하는 것이 좋을까?

왜 그렇게 되었다고 생각해?

다른 방법을 찾아볼까?

자신감을 낮춰 포기하게 만드는 말

몇 번을 말했는데도 왜 항상 같은 실수를 해?

발표 시간에 왜 너만 손을 안 드는 거야?

너는 그림은 아니야. 음악에 집중해라.

생각 좀 해. 왜 같은 질문을 계속 하는 거야?

너는 자신감이 너무 없어.

05

아이와 보내는 시간은 양보다 질이다

아이들과 함께 보낸 시간은
사랑의 언어이다.
– 조지 워싱턴 카버

워킹맘이 꼭 기억해야 할 것

새벽이 오는 소리

눈을 비비고 일어나

곁에 잠든 너의 얼굴 보면서 힘을 내야지

절대 쓰러질 순 없어

그런 마음으로 하루를 시작하는데

(이하 중략)

나의 길을 가고 있다고 외치면 돼

- 마야,『나를 외치다』노래 가사 중 -

지금도 즐겨듣는 나의 '애정 곡'이다. 출근길에 마야의 노래를 들으며 눈물을 흘린 날이 하루 이틀이 아니었다. 앞서도 밝힌 바 있지만, 나는 오남매를 키우는 워킹맘이다(둘은 이미 장성했지만). 알람에 무거운 눈을 억지며 뜨며 곁에 잠든 막내 얼굴을 바라본다. 유난히 마음이 무거운 날이 있다. 바쁜 엄마라는 이유로 아이들을 잘 돌보지 못하는 미안함과 일에 대한 생각이 뒤엉켜 머릿속이 뒤죽박죽되는 그런 날이다. 워킹맘에게는 단골처럼 찾아오는 날이다. 그런 날일수록, 잠든 아이를 보며 오늘도 씩씩하게 하루를 보내겠노라고 다짐하며 집을 나선다.

육아에 최선을 다하지 못한다는 생각에 항시 마음이 불편한 사람이 일하는 엄마다. 아이를 키우다 보면 생각하지 못하던 돌발 상황이 발생할 수밖에 없는데, 그때마다 완벽한 대응이 어렵다는 것을 알지만 자꾸 고개를 드는 죄책감은 어쩔 수 없다. 하지만 죄책감은 육아에 좋지 않다. 미안한 마음에 아이의 요구를 무조건 받아주거나, 엄마의 복합적인 감정이 엉뚱한 곳에서 표출되기도 하기 때문이다.

엄마가 반드시 기억해야 할 것이 있다. 떠돌아다니는 이론이 아니라, 시공을 초월한 진리다. 그것은 "아이의 불안은 흔들리는 엄마로부터 시작된다는 것"이다. 일하는 엄마로서 아이와 함께 하지 못해 좋지 않은 영향을 줄까 걱정이라면 이를 확실히 없앨 방법은 아이를 사랑하고, 언제나 아이를 지켜줄 거라는 확신을 아이에게 심어주는 것이다. 더 많이 사랑한다고 말해주고, 더 많이 안아주고, 더 많이 격려해 주는 것이다. 아이와 지내는 짧은 시간이 문제가 아니다. 엄마의 불안함이 문제라는 것을 알아야 한다.

퇴근해서 아이를 만나면, 엄마의 심장 소리가 느껴질 정도로 꽉 안아줘야 한다. 단 10분이라도 아이와 온전히 시간을 가지는 것이 중요하다. 아이와 눈을 마주치고 오늘 어땠는지 대화를 나눠야 한다. 그런 다음, 엄마가 없는 동안 아이가 시간을 어떻게 쓰면 좋을지, 어디에 있으면 좋을지 등을 생각해야 한다. 아이와 같이 문제를 상의하고 풀어가도 좋다. 그러면 아이는 엄마의 일하는 환경을 자연스럽게 받아들인다.

어린이집에 아이를 보내는 초보 워킹맘

나는 전직 어린이집 원장이었다. 많은 워킹맘을 만났다. 아이를 맡기는 워킹맘의 애환은 같은 처지에 있는 나의 애환이기도 했다.

엄마는 아이를 어린이집에 보내기까지 수많은 갈등과 고민을 마주한다. 잠시 육아 휴직 중이었다면, 복직할 시간이 다가올수록 밤잠을 설치기도 한다. 직장을 포기하지 않고 복직하는 것이 올바른 것인지, 나 혼자 좋자고 하는 이기적인 발상은 아닌지를 생각한다. 게다가 아이를 따뜻하게 돌봐 줄 어린이집을 찾는 것은 생각처럼 쉽지 않다. 환경 변화를 받아들일 아이를 생각하면, 안쓰러움에 하루에도 수만 가지 감정이 오간다.

시간에 쫓겨 출근하기 전 아이를 데려다 놓고, 아이를 데려올 시간이 되면, 혹 퇴근이 늦어져 픽업 시간에 맞추지 못할까 노심초사를 한다. 그렇게 동동거리다 일도 마치지 못하고 퇴근한다. 우리들 워킹맘의 모습이다. 퇴근 시간이 조금이라도 지체되면, 엄마를 기다리고 있을 아이 생각에 엄마는 말할 수 없는 스트레스를 겪는다.

아이는 어떨까? 엄마 품을 처음으로 떠난 아이의 마음은 공포로 가득 차 있다. 낯선 환경, 갑자기 만나게 된 또래들, 계속되는 일과, 모든 게 낯설다. 그런데 이때 엄마까지 불안한 모습을 보여준다면? 아이는 더 큰 불안감, 공포심마저 가진다. 기관에 아이를 보낸 다음 아이 우는 소리가 담장 너머로 들려올 때 뒤돌아서서 같이 우는 것이 엄마다. 그런데 이런 엄마일수록 이 사실을 꼭 알았으면 좋겠다.

"아이는 신뢰하고 믿어주는 만큼 견뎌내며 성장한다."

엄마의 걱정과는 다르게 어린이집에 기특하게 잘 적응하는 아이들이 대다수다. 어린이집 원장으로 일하며, 나는 그런 아이의 모습을 매일 기록하고 싶었다. 그러면서 엄마에게 아이의 상태를 전해주고 싶었다. 아이는 엄마가 걱정하는 것보다 더 잘 적응한다. 아이의 적응을 돕고 싶다면, 엄마의 불안한 감정부터 추슬러야 한다.

어릴수록 자주 아프고 챙겨야 하는 것들도 많다. 그만큼 엄마의 에너지도 함께 소진된다. 복잡한 회사 업무에 아이가 아프기까지라도 하는 날이면, 아이와 눈을 마주칠 힘조차도 없다. 그러다 자신도 모르게 짜증을 내고 소리를 지른다. 이런 날, 꼭 기억할 것이 있다. 서운함을 느낄수록 엄마의 사랑을 더욱 확인하려고 드는 것이 우리 아이라는 사실 말이다. 엄마는 자신의 감정을 책임져야 하는 어른이다. 피곤해도 아이를 만나면 먼저 따뜻하게 안아주고 사랑을 표현해야 한다. 그게 부모고 어른이다.

워킹맘 루틴 만들기

직장을 계속 다녀 말아 심각한 고민을 할 때가 막 출산했을 때와 아이가 초등학교에 입학할 무렵이다. 어린이집이나 유치원과 달리 학교는 일찍 끝난다. 그런데 학교에서 운영하는 방과 후 돌봄 교실은 경쟁이 치열하다. 아이를 어디로 보내야 하나, 갑자기 달라진 시스템에 아이는 잘 적응할까? 아이에 대한 걱정이 이만저만이 아니다.

아이가 초등학교에 가게 되면 미리 준비해야 할 것이 있다. 낯선 환경을 불편해 할 아이에게 전적으로 공감해주겠다는 다짐이다. 아이가 힘들어하고 적응을 하지 못해 자주 불만을 보일 때 억누르려고 해서는 안 된다. 꾸준히 격려하고 불편함을 해결하려는 대화를 함께 나누어야 한다. 불편한 것은 없는지, 가장 재미있는 일은 무엇인지, 마음에 드는 친구는 누구인지 물어보아야 한다. 아이 말에 다정하게 반응하는 것이 우선이다.

하지만 워킹맘에게 심적으로 더 중요한 것은 아이의 빈 시간이다. 학교 끝나는 시간에 맞춰 이것저것 등을 고려해 학원

스케줄을 짠다. 처음에는 어렵지만, 1학년이 끝나갈 무렵이면 스케줄을 짜는 박사가 돼 있다. 이미 큰 아이를 통해 그 시기를 경험한 선배맘들은 한결 여유롭다. 워킹맘 선배들은 잘 알고 있다. 1학년 동안만 잘 버텨도 안정된 루틴이 생겨 아이도 엄마도 편안해진다는 것을.

루틴을 만드는 과정에서 꼭 잊지 말아야 할 것은 아이는 온종일 엄마를 빨리 만나고 싶어했다는 사실이다. 퇴근 후 공부나 학원 같은 문제를 잠시 미뤄둬야 할 분명한 이유다. 잠시라도 사랑의 기운을 듬뿍 주자. 힘들었을 아이를 따뜻하게 맞이하고 안아주는 것은 물론이다. 특별한 시간임을 느낄 수 있도록 해주자. 고학년이 되면 쭈뼛거리며 안기는 것을 부담스러워하는 날이 온다(그때는 가볍게 쓰다듬어 주는 것만으로도 충분하다).

아이의 인생을 지탱하게 하는 것은 가족과의 따뜻한 시간이다. 특별한 사랑의 조각들은 세상을 향해 나가는 아이의 스트레스를 견디게 도와주는 힘이다. 오랫동안 시간을 함께 보내는 것만이 중요한 것은 아니다. 엄마의 깊은 사랑을 전달하는 것이 중요하다. 일을 사랑하고 즐기는 것에 대한 죄책감을 던져버리자. 아이에게 보여줘야 할 것은 생기 넘치고 인생을 의욕적으로 살아가는 엄마의 모습이다. 그리고 함께 있을 때는 누구보다 아이에게 충실한 엄마의 모습이다. 그러면 어느 순간 아이는 엄마를 자랑스러워한다.

어린이집/유치원에 잘 적응하도록 돕는 말

(어린이집을 지나가며) 우와, 재미있게 놀이하는 곳이네.

(사진을 보여주며) 곧 다니게 될 어린이집이야.

선생님이랑 재미있게 놀고 있어. 엄마랑 곧 만날 거야.

엄마랑 떨어지는 게 속상하구나. 금방 올게.

잘 지냈구나. 하온이가 너무 보고 싶었어.

어린이집/유치원에 부적응하도록 만드는 말

그만 뚝, 자꾸 울면 엄마 속상해.

자꾸 울면 선생님이 "이놈"하고 혼내.

안그치면 엄마 늦게 올 거야.

(아이가 듣는 곳에서) 선생님, 많이 우는데 오늘은 집에서 그냥 데리
　　고 있을까요?

(아이가 듣는 곳에서) 선생님, 왜 우리 아이만 울까요?

초등학교 생활에 잘 적응하도록 돕는 말

많이 힘들었구나. 무슨 일이 있는지 말해 줄 수 있어?

네가 노력하고 애쓴 거 알아.

걱정이 될 때는 이유가 있을 거야.

네가 먼저 챙겨보고 도움이 필요하면 엄마한테 말해 줄래.

학교에서 점심때 치킨이 나오네. 제일 좋아하는 거잖아.

초등학교 생활을 주눅들게 하는 말

너만 학교 가는 거 아니잖아.

너는 누구를 닮아서 참을성이 하나도 없니.

그렇게 꾸물거리면 학교 또 지각이야.

하나에서 열까지 엄마가 어떻게 다 챙겨주니?

이렇게 행동하면 친구들이 널 싫어할 수밖에 없어.

06

훈육의 대화는
몇 번의 연습 끝에
해야 한다

부드러운 말로 상대방을 설득하지 못하면
위엄있는 말로도 설득하지 못한다.
- 안톤 체호프

세상을 살아갈 힘은 나를 믿어주는 단 한 사람

누군가의 '한 마디'로 문득 마음이 행복해지는 때가 있다.

누군가의 '한 마디'로 완전히 인생이 바뀌는 사람이 있다.

누군가의 '한 마디'에 의지하여 평생을 살아가는 사람도 있다.

한 마디 한 마디의 말에 사랑을.

몹시 어렵기는 하지만,

그것이 가장 심플하고 가장 큰 선량함의 표현법인지도 모른다.

- Love&Free, 다카하시 아유무의 글 중 -

어린 시절, 새엄마는 나와 동생을 거부했다. 우리 남매는 기도원과 교회로 보내져 떠돌이처럼 살았다. 그러다 초등학교 6학년이 되었을 무렵, 허름한 사글셋방이 마련됐다. 우리만의 공간이었다. 참 소중했다. 아버지는 술, 도박, 여자라는 삼 박자에 빠져 일 년이면 두세 번 볼까 말까였다. 격동의 사춘기가 찾아왔다. 돌이켜 보면, 동생을 지켜야 한다는 작은 의무가 나를 엇나가지 못하게 했던 유일한 끈이었다.

오래만에 집에 오신 아버지는 "어떻게 지냈어? 힘들지?"라는 말 대신 "집구석이 이게 뭐냐!"라며 화부터 내셨다. '아버지. 아시나요? 우리 두 달 만에 봤어요!' 관심 어린 따뜻한 말이 필요했지만, 아버지는 채워주지 못했다. 그렇게 원망과 상처로 얼룩졌던 내게 고3 시절의 선생님께서 구세주처럼 다가오셨다. "친구들이 너를 반장으로 추천해서 몰표가 나왔는데, 성적이 너무 아슬아슬해. 그런데 네가 해 보겠다고 하면 선생님이 도와줄게." 여러 가지로 부족한 내가 왜 반장으로 추천되었는지는 알 수 없었다. 자신감이 부족했던 나였다. 그런데 "선생님이 도와줄게" 그 한 마디, 진심 어린 그 한마디가 나를 일으켜 세웠다.

선생님의 기대에 부응하기 위해 밤을 새우며 공부했다. 따뜻한 말 한마디가 나의 영혼을 뛰게 했다. 성적이 향상되더니 전교 상위권으로 진입했다. "이것 봐. 넌 할 수 있는 사람이야." 따뜻한 선생님의 한마디는 한 줄기 빛이었다. 무기력한 채 의욕 없이 살고 있던 내게 목표를 세우고 최선을 다하도록 해주었다. 이 세상에서 나도 무엇인가를 할 수 있는 사람이라는 자신감을 샘솟게 했다.

말 한마디의 힘은 강력하다. 자아가 완성되지 않은 어린 영혼에게는 가벼운 말일지라도 독이 될 수 있고 반대로 버팀목이 될 수도 있다. 말과 함께 목소리와 자세, 눈빛, 억양 등은 고스란히 아이에게 전달된다.

부모 말투를 그대로 닮아가는 아이의 말투

아이의 말투가 마음에 들지 않고 신경 쓰인다면 무조건 부모인 나의 말과 행동부터 되돌아봐야 한다. 엄마는 아이와 많은 말을 주고받는다. 대수롭지 않은 말부터 중요하고 의미 있는 말까지 한다. 다만, 상하관계라는 입장 차이 때문에 의사 전달이 되지 않을 때가 많다. 상대방을 잘 안다고 생각하면 고정관념으로 바라보고 판단한다. 특히 부모 자녀 간의 관계가 고정관념에 갇힌 상하관계다.

아이가 성장할수록 지시와 명령이 포함된 말투가 늘어난다. 이런 말투는 안 좋은 기억으로 아이 마음에 남는다. 아이는 몇 차례 반복적으로 이런 일을 겪고 나면 귀를 막고 더는 안 들으려 한다. 그래서 훈육하거나 지시할 때는 억양과 말투에 특히 신경써야 한다. 예민하거나 급한 상황에서는 나도 모르게 불순물이 섞여 여과 없이 말이 나가면 안 된다.

부모는 아이가 사춘기가 되어서도, 성인이 되어서도 엄마와 친구처럼 지내기를 희망한다. 그러려면 아이는 안전함을 느껴야 한다. 아이는 자신이 마음껏 표현해도 문제가 되지 않는지 민감하게 살핀다. 그러다 안전함이 느껴지면 비로소 불안한 마음을 내려놓고 자기 생각과 마음을 보여준다. 마음을 움직이게 하는 것은 아이 말을 해석하거나 판단하는 것이 아니라 그대로 들어주는 것이다.

아이와 친밀한 관계를 쌓는 데 중요한 것은 대화의 내용이 아니다. 아이의 말을 의미 있게 받아들이는 부모의 부드러운 억양과 말투다. 억양과 말투는 논리의 영역이 아니다. 억양과 말투에는 감정이 고스란히 담긴다.

한 취업 사이트에서 직장인 천여 명을 대상으로 설문조사를 했다. "직장 생활 비호감 화법"으로 어떤 것이 있는지 물었다. 1위는 권위적인 말, 2위는 자기주장만 하는 말, 3위는 불평·불만의 말, 4위는 부정적인 말, 5위는 불필요한 설명의 말 순이었다. 이 중 나도 모르게 습관처럼 쓰는 화법이 있다면, 아이에게도 그대로 사용하게 된다는 것을 기억해야 한다.

큰 소리를 내면 그다음에는 더 큰 소리를 내야 한다. 언성이 높아진다는 것은 아이의 입장은 고려하지 않겠다는 얘기다. 아이의 말은 부모의 큰소리에 묻히게 되고, 아이는 상처를 받을 수밖에 없다. 어린이집에서 역할 놀이를 할 때 아이들이 "엄마가 몇 번 말해야 알아들어!" "경찰 아저씨 부른다"라고 말할 때가 있다. 부모인 나부터 돌아봐야 하는 이유가 이 말 속에 다 들어 있다.

유치원에 다니기 시작하면서부터 그리고 초등학교 저학년 때까지는 엄마와의 대화를 즐기는 시기이다. 그러다 사춘기가 되면 수다 떨며 대화하는 날이 그리울 정도로 아이는 부모 대신 친구를 찾는다. 부모의 권위적인 잔소리와 부정적인 비호감 화법은 아이의 마음의 문을 빨리 닫게 한다는 사실을 기억하자.

지시하거나 훈육할 때 더 중요한 엄마의 말투

엄마가 지녀야 할 말투의 핵심은 어떤 일이 있어도 성급하게 판단하지 않는 침착함과 간결하고도 온기가 느껴지는 긍정적인 화법이다. 말은 쉽지만 참 어렵다. 아이를 훈육하고 엄마의 지시대로 움직이게 하려면 '왜 해야 하는지, 왜 따라야 하는지' 아이를 설득할 수 있어야 한다. 명확하게 잘 정리해서 말하지 않으면 잔소리가 된다. 화가 치밀어 오르고, 짜증이 나는 순간에도 어른이기에 침착함을 유지하는 것이 중요하다.

아이의 마음이 불안하거나 친구와 갈등이 있거나 말투가 극도로 부정적이거나 예민하다면 대화를 시작하기 전 심호흡을 하고 나의 말투부터 점검하자. 매번 이렇게 한다는 것이 어려운 일이지만, 치밀해야 한다. 긴장의 끈을 놓아서는 안 된다. 머릿속으로 시뮬레이션하는 것도 괜찮다. 타인이라면, 타인과 갈등이 있을 때, 나는 어떻게 말하는지 생각해보자. 아마 머릿속으로 수차례 연습하고 또 연습할 것이다. 아이와의 대화도 마찬가지다. 조심함을 가득 안고 시작해야 한다. 나의 말 한마디가 아이에게 많은 영향을 준다는 사실을 잊지 말아야 한다.

아이의 자존감은 스스로 성장하지 않는다. 부모의 말에서 싹 트고 성장한다. 엄마의 한 마디, 한 마디가 자존감을 건강하게 싹 틔워 열매를 맺게도 하지만 병들게도 한다. 부모가 '마음'이 라는 토양을 잘 가꾸고, '말'을 잘 다스려야 하는 중요한 이유다. 아이는 인정과 신뢰를 받고 싶다. 조건 없이 이해받고 싶다. 말 투를 바꾸면 아이뿐만 아니라 엄마의 마음도 변화한다. 마음의 변화는 행동도 변화시킨다. 그러면 관계도 바뀐다.

아이의 마음을 열게 하는 말

말하고 싶을 때 엄마 부를래?

이렇게 예쁜 귀걸이, 처음이야. 고마워.

긴 시곗바늘이 3으로 가면 집에 갈 거야. 시계 보면서 해.

마음이 많이 불안해서 그런가 보다. 괜찮아, 할 수 있어.

어쩌면 이렇게 표현을 다양하게 잘하니?

아이의 마음을 닫게 하는 말

뭐가 문제야? 말을 해야 알지.

필요 없는데 이걸 왜 샀어?

너 때문에 늦었잖아. 빨리해.

동생 때리지 말라고 했잖아.

넌 항상 그렇게 말하더라.

07

긍정의 대화를 저축처럼 쌓아야 잔소리가 되지 않는다

자녀교육의 핵심은 지식을 넓히는 것이 아니라
자존감을 높이는 데 있다.
- 레오 톨스토이

어느 교육 회사의 주관으로 2021년 '자녀와의 대화에 대한 초등 학부모 생각'을 조사했다(YTN 보도). 자녀와의 대화 시간 1위가 하루 30분 이상 1시간 미만으로 30.9%였다. 2위는 10분 이상 30분 미만으로 29.1%였다. 그리고 10분 미만은 6.2%였다. 정리해보면, 응답자의 66.2%가 자녀와의 대화를 하루 한 시간 이하로 가진다고 답했다. 그리고 대화 시간을 갖기 어려운 이유로 대화 방식이 서로 다르다는 것, 시간 부족과 대화 소재의 빈곤을 들었다.

부모와의 대화 시간은 아이에게 정서적 유대감을 제공하고 소속감을 준다. 아이가 자신이 어떤 사람인지 알고, 어떤 부분에서 강점이 있는지 안다면 세상살이에도 자신감이 생긴다. 그러려면 아이의 세계로 부모가 먼저 들어가 잠시 머물러야 한다. 아이가 좋아하는 친구, 재미있어하는 분야, 앞으로 하고 싶은 것, 이런 것들에 관심을 가지고 살펴야 한다. 해야 할 일이 무엇인지가 아니라 무엇에 관심을 갖고 있는지 살피는 노력을 우선적으로 해야 한다.

아이와의 대화는 아이에 대한 관심에서 비롯된다. 다양한 감정을 안고 집으로 돌아온 아이다. 밖에서 집으로 돌아오면 편안한 마음으로 쉴 수 있도록 따뜻하게 맞이하는 것이 먼저다.

다양한 상황에서 여러 친구들과 관계를 맺으며 열심히 살아온 아이다. 아이를 꼭 안아 준 후 씻으라고 말해도 늦지 않다. 많이 보고 싶었다고 오늘 참 애썼다고 쓰다듬어주고 눈을 마주치며 말을 건네는 것이 중요하다.

긍정적인 감정은 함께 나누고, 부정적인 감정은 해소할 수 있도록 도와줘야 한다. 엄마와 대화를 나누는 것만으로도 부정적인 감정이 씻겨 나간다. 아이는 따뜻한 마음이 느껴지는 엄마에게 자신을 내보이고 싶다. 오늘이라는 시간을 어떻게 보냈으며 어떤 감정을 느꼈는지 관심을 가지며 잘 어루만져줘야 한다.

저축처럼 쌓아야 하는 엄마의 말

미국 피츠버그대와 UC 버클리, 하버드대가 공동으로 어린이 30여 명을 대상으로 연구를 했다. 엄마의 음성이 담긴 잔소리를 약 30초가량 들려주고 두뇌 활성도를 측정했다. 연구 결과 부정적 감정을 처리하는 대뇌변연계가 활성화 되는 것이 확인되었다. 그리고 감정 조절에 관련된 전두엽과 타인을 이해하는 두정엽 및 측두엽의 접합부 활성도는 떨어졌다. 결국 잔소리를 들은 아이들은 이성적 사고를 멈추는 것으로 나타났다. 아무리 좋은 의도였다 하더라도 잔소리라고 인식하는 순간, 어떠한 도움도 되지 않는다는 것을 보여주는 실험이었다.

대화는 관계를 좋게 만들기도 하지만 나쁘게도 한다. 좋은 의도의 말도 길면 잔소리가 된다. 주변 사람에게는 조심하면서 가족 간에는 필터링하지 않은 말을 곧잘 한다. 가족이기에, 자녀이기에 이 정도는 괜찮겠지, 라고 마구 뱉어버릴 때도 많다. 하지만 오히려 가족이라서 더 깊은 상처가 되기도 한다.

아이와 대화를 할 때는 말하고 싶은 핵심이 무엇인지 생각하고 미리 준비해야 한다. 그렇지 않으면 질주하는 감정에 브레이크를 걸지 못하고 상처주는 말만 하게 된다. 좋은 의도에서 대화를 시도했지만, '잔소리'로 끝나버린다.

"선생님한테 왜 인사를 안 해?" "했어" "그게 바른 태도야? 고개 숙이고 똑바로 인사해야지" "알았어" "알아들은 거 맞아?" 이렇게 대화가 이어지는 것보다 "엄마는 네가 선생님께 인사를 잘 하면 좋겠어" 이 한마디면 충분하다.

커갈수록 대화가 줄어드는 것은 부모의 습관성 잔소리에 더이상 아이가 입을 열지 않아서이다. 아이와 작은 일에도 관심을 갖고 긍정적 대화를 나누는 시간을 저축처럼 쌓아야 한다. 그렇게 우호적 관계를 만들어가면, 엄마의 결정적인 말은 잔소리가 아닌 사랑이 담긴 조언이 된다.

한 연구 결과에 의하면 부모의 스마트 이용 시간이 길면, 아이는 부모로부터 충족되지 않은 애정 욕구를 인터넷이나 스마트폰으로 푼다고 한다. 이런 상황이 되면 자연스럽게 대화가 줄어들 수밖에 없다.

우리 집에서 있었던 일이다. 안방에서 노트북을 열고 일을 하고 있는데, 아이가 와서 말한다. "엄마, 오늘 유치원 친구가 생일파티한다고 집으로 초대한대" "그랬어? 언제야?" "토요일이래" "(노트북에 눈을 고정하고) 그래? 그럼 가야지" "엄마, 내 얘기 듣고 있어? 내가 뭐라고 했어?" 그제서야 고개를 돌려 아이를 쳐다보았다. 아차 싶었다. 그런 일이 몇 번 있은 후부터는 아이는 대화를 할때마다 "엄마, 할 얘기 있으니까 나를 쳐다봐"라고 요청을 했다.

따지고 보면 아이의 말은 그리 길지 않다. 집중해서 들어주면 금방 끝난다. 가족은 한 개인의 삶에서 가장 오랫동안 유지되는 관계이다. 가족의 문화는 대화로 만들어진다. 자세를 낮추고 아이 눈을 쳐다봐야 한다.

인간이 사회 속에서 관계를 맺고 살아가는 데 대화만큼 중요한 수단이 또 있을까. 어느 곳이든 대화로 인간관계를 맺는다. 부모와 함께 나누는 대화는 타인과 관계를 맺기 전에 다양한 경험과 소통을 할 수 있도록 도와주는 매개체이다. 아이의 말에 집중할수록 자존감에 날개가 더해진다는 사실을 잊지말자.

해야 할 일만 강조하는 엄마에게서 온기를 느끼긴 어렵다. 아이가 자랄수록 대화가 줄어드는 이유를 생각해봐야 한다. 대화 시간이 줄어들면 관계에도 틈이 생길 수밖에 없다. 그러면 소통에도 틈이 생긴다. 아이가 집에 들어오면 활짝 팔을 벌려 안아주고, 엄마의 사랑을 한껏 느끼게 하자. 그리고 함께 하는 대화 시간을 만들자. 피곤했던 아이의 하루가 엄마의 온기로 편안한 쉼을 얻는다.

따뜻한 관심과 마음이 느껴지는 말

오늘 점심때 뭐가 제일 맛있었니?

어떤 활동이 제일 힘들었어?

혹시 속상한 일은 없었니?

얼굴 표정이 안 좋은데? 힘든 일이 있었구나.

짝꿍은 어떤 걸 가져왔어?

따뜻한 관심과 마음이 느껴지지 않는 말

숙제가 뭐야? 다른 거 하지 말고 숙제 먼저 해.

좀 떨어져.

니가 그렇게 행동하니까 친구가 없는 거야.

얼른 씻어.

가방 정리해.

08

잘난척 할 때
아이의 자기효능감은
높아진다

실패는 성공으로 한 발짝 더 다가서는 것이다.
- 메리 케이 애쉬

작은 일부터 성공의 기회를 주는 엄마의 말

아이가 해낼 수 있는 능력이 있다는 사실을 뼛속까지 인정하는지 묻고 싶다. 인정한다면 작은 일부터 허용해야 한다. 엄마의 높은 기대치는 아이를 주눅들게 만들지만, 적절한 수준의 기대치는 자기효능감을 높여준다. '자기효능감'이란 주어진 과제를 어떤 상황에서도 해낼 수 있다는 강한 신념이다. 이는 성공 경험에서 나온다. 구체적인 목표를 세우고, 끈기 있는 도전과 노력으로 성공적인 결과를 이루었을 때, 자기효능감의 강한 동기가 만들어진다.

"물고기가 배고픈 것 같아. 밥 좀 줄 수 있겠어?" "응." "물고기가 밥을 먹고 힘이 솟나 봐. 헤엄치는 속도가 한결 빨라졌어."

아이는 부모의 소소한 일상에 관심을 자주 보인다. 엄마의 일에 아이를 동참하게 하는 것은 호기심을 해결해주고 작은 성공을 맛보도록 하는 기회다. 아이의 자존감은 이때 쑥쑥 자란다. 기억해야 할 것은 부탁하는 것으로 끝내면 효과가 없다는 사실이다. 동참한 일에 대한 가치를 분명하게 표현해 주어야 한다.

"이 퍼즐은 자리가 어디지? 아무리 생각해도 잘 모르겠어!" "엄마, 여기잖아. 진짜 몰랐어?" "우와, 그러네! 엄마는 어려웠는데, 어떻게 알았어?"

엄마가 모른척하고 아이에게 기회를 주면 아이는 해당 문제를 풀고 자긍심을 가진다. 엄마가 해결하지 못하는 모습을 보면서 재밌어하고 눈빛을 반짝이기도 한다. 엄마가 하지 못하는 것을 도왔다는 뿌듯함은 성취감의 긍정 효과로 연결된다. 나아가 자아를 건강하게 만들고, 자신감과 자기조절력을 높이는 데 좋은 영향을 준다.

아이 스스로 무엇인가를 해내려면 실수도 많고 시간도 더 든다. 하지만 해내게 된다면 말로 가르쳐 줄 수 없는 삶의 기술을 체득한다. 그런데 이 순간을 엄마가 참지 못하고 대신하면 아이는 배움의 기회를 얻지 못한다. 기다리는 것이 부모의 역할이다. 할 수 있는 일을 제안하고, 잘 해냈을 때는 마음껏 잘난 척할 수 있도록 기회를 주자.

스스로 결정하기

"오늘 아침은 샌드위치랑 주먹밥을 준비할 수 있어. 뭐 먹을까?" "샌드위치 먹을래요." "그래? 샌드위치에 뭘 넣을까? 치즈? 햄? 계란프라이?" "치즈는 싫어요. 햄이랑 계란프라이 넣어주세요."

자녀가 아기였을 때는 부모가 모든 것을 결정했지만, 아이가 자신을 인식하는 시기가 오면, 뭐든지 스스로 선택하고 싶어 한다. 원하는 것을 손에 넣을 때까지 고집을 부릴 때도 있다. 이 때부터 옥신각신 실랑이가 시작된다. 아이에게 선택지를 주고 사소한 결정을 할 수 있도록 하자.

선택을 하기 위해 더 중요한 것은 무엇인지, 더 가치 있는 것은 무엇인지 고민하는 순간 두뇌는 활성화된다. 아이의 선택이 안전하고 문제만 안 된다면, 아이의 뜻을 존중하는 것이 가장 중요하다.

직접 선택하고 결과를 경험하는 과정에서 아이는 책임감을 배운다. 자신의 의견과 취향을 탐색하고 결정하는 법을 배운다. 선택의 기회가 많을수록 주도적으로 살아갈 수 있다. 부모가 일방적으로 정해버리면, 아이는 결정장애로 살아간다. 그러면 자신보다는 타인의 의견을 좇으며 살게 된다. 이를 바라는 부모는 없을 것이다.

보드게임으로 자기조절력 키우기

날이 갈수록 놀이를 통한 학습이 강조되고 있다. 놀이는 아이 삶의 전부나 마찬가지다. 놀이는 규칙을 갖고 있다. 규칙 없는 놀이는 장난일 뿐이다.

가족과의 보드게임은 규칙과 경쟁의 의미에 대해 자연스럽게 알아가는 훌륭한 장이다. 가족과 함께하는 보드게임은 자신의 의견을 편안하게 말할 수 있는 공간이다. 게임 시작 전 어떤 규칙을 정할 것인지 묻고, 서로 합의해가는 과정은 매우 중요한 사회 교육이다.

보드게임은 소통하기에 좋은 매개체다. 전략을 세우는 과정에서 의사소통과 사회적 기술이 향상된다. 게임에 이기기 위해서는 규칙을 준수하는 것은 물론이고 다양한 기술과 전략이 요구된다. 집중력을 발휘해야 하며 자신의 욕망도 조절해야 한다.

"왜 항상 어려운 게임만 해? 내가 이기고 싶은데!" "게임에서 진 게 속상하구나." "너무해!" "엄마가 이해해. 열심히 했는데 졌으니 화가 나는 건 당연해. 하지만 우리가 게임을 하는 이유는 이기는 것보다 함께 재미있고 즐거운 시간을 보내려는 거야." "지는 게 뭐가 재미있어? 나는 이기는 게 좋아." "모든 게임에서 이기기는 힘들어. 다음에는 어떻게 하면 이길 수 있을지 방법을 찾아볼까? 엄마 아빠가 옆에서 도와줄게."

아직 감정 처리 능력이 미숙한 아이들이기에 규칙을 어기기도 하고 이기지 못했을 때는 보드게임 판을 뒤집어버리고 발을 동동 구르며 울기도 한다. 폭발하는 아이를 다그쳐서는 안 된다. 아이가 차분히 대처할 수 있도록 유도해야 한다. 이때 아이와 나누는 대화는 문제 해결 능력을 습득하는 소중한 기회다.

마지막으로 좋은 보드게임 고르는 방법을 소개하겠다. 일단, 연령에 맞는 게임을 선택해야 한다. 난이도가 쉬워야 아이들은 적극 참여한다. 그리고 흥미와 호기심이 자극되는 게임을 선택해야 한다. 교육적 목적으로만 접근하면 지루한 게임이 되거나 엄마의 잔소리를 들어야 하는 게임이 된다.

아이는 부모 앞에서만큼은 잘난척할 수 있어야 한다. 작은 일이라도 해냈다는 성취감은 자기효능감을 높인다. 이것은 자존감의 핵심 구성요소다. 자기효능감을 높이려면 스스로 동기부여하는 힘이 필요하다. 자연스럽게 자신의 존재를 인정받기 위한 노력을 다하게 된다. 결과적으로 자존감의 토대가 된다.

아이에게 성공 기회를 주는 말

엄마는 어렵던데 벌써 퍼즐을 반이나 맞추었네.

신발 정말 잘 골랐구나. 무척 잘 어울려.

설명서 보고 조립한 거야? 진짜 대단해.

이 부분은 네가 충분히 할 수 있을 것 같아. 더 해보고 도움이 필요하
면 말해줄래?

친구들 앞에서 발표할 생각에 떨리는구나. 그럴 땐 깊게 호흡을 내쉬
는 거야. 의외로 굉장히 도움이 돼. 따라 해볼까?

아이에게 좌절감을 주는 말

같은 말을 몇 번 해야 해?

이 색은 너랑 안 어울린다니까, 이거 입어.

아까 알려줬는데 집중을 안 하니까 딴말하지.

큰 소리로 말해. 자신감이 없는 것 같아.

발표할 때 넌 왜 손 안 들어?

자기결정권을 높이는 말

동물원이랑 직업체험관 중 가고 싶은 곳 있어?

약국 가기 전에 슈퍼를 갈까? 아니면 슈퍼를 갔다가 약국을 갈까?

오늘 밤에는 어떤 동화책 읽어줄까? 골라와봐.

엄마가 어떤 치마를 입었을 때 더 예뻐?

어떤 신발 신을 거야?

자기결정권을 낮게 만드는 말

제발 엄마가 하라는 대로 해.

생각 좀 하고 골라와 봐.

안 돼, 어제 읽던 책마저 읽어야지.

여기에 초록색이 어울린다고 생각하니?

엄마가 하지 말랬는데 고집부려서 결국 망가졌잖아.

09

공감하는 말 하기,
거울반응을
익히면 된다

질문이나 답이나 소망이나, 그 무엇이든
아이가 하려는 말에 늘 귀를 기울여라.
– 몬테소리

따라쟁이 엄마는 공감의 여왕

스스로 행동할 수 없는 아기의 필요한 욕구를 채워주는 최초의 대상은 엄마다. 아기는 엄마와 자신을 같은 존재로 인식한다. 내가 엄마고 엄마가 나다. 그래서 엄마의 감정을 자신의 감정인양 생각한다. 안정된 자아 개념이 형성되기 전까지 엄마의 반응이 중요한 이유다.

자기심리학 이론을 발전시킨 하인즈 코헛(Heinz Kohut)은 '거울 반응' 육아법을 강조했다. 거울 반응은 엄마가 아이를 그대로 따라 것으로 아이의 옹알이, 말투, 표정, 행동을 엄마가 똑같이 흉내 내는 것을 말한다. 아이가 웃으면 엄마도 웃고, 아이가 슬퍼하면 엄마도 슬픈 표정을 짓는다. 엄마의 민감한 반응에 아이의 유능감도 함께 자란다.

아이는 열심히 작품을 만들었다. 나름대로 꽤 만족스럽다. 신나게 자랑하는데 엄마의 반응은 시큰둥하다. 아이는 칭찬을 원한다기보다 나의 신나는 감정을 엄마도 같이 느꼈으면 하는 마음인데 엄마의 반응이 그렇지 못하면 아이는 실망스러움과 함께 수치심(부끄러움)을 느낀다.

아이는 자신의 표정, 어조, 자세에 관심을 갖고 거울처럼 따라 하는 엄마의 반응이 좋다. 그런데 엄마로부터 거울 반응을 경험하지 못하면 내면의 병을 얻는다. 부모로부터 인정받지 못한 아이는 자신의 존재를 외부에서라도 확인하려 한다. 남에게 인정받고자 하는 욕구는 빠른 성과를 가져오기도 하지만 쉽게 자신의 에너지를 소진하기도 한다.

공감을 방해하는 엄마의 말

아이의 정서적 안정을 위해 아이의 생각과 마음을 온전히 이해하려는 노력이 공감이다. '아이가 원하는 것'을 파악하는 것으로 '내 아이의 입장'을 온전히 이해하는 비결이다. 단정하지 않고, 지시하지도 않으며, 아이가 편안히 말할 수 있도록 부모를 신뢰하도록 만드는 것이 공감이다.

아이는 대체 불가한 존재이며 독특한 개성을 가진 유일한 존재이다. 똑같은 상황이라도 똑같은 감정을 느끼지 않는다. 어떤 상황에서든 아이가 느끼는 감정을 단정 지어서는 안된다. 아이의 속마음을 알 때까지 집중해야 한다. 이러한 노력이 공감이다.

'엄마는 인생 선배로서 너보다 많은 것을 알고 있고, 넌 아직 세상을 몰라.' 이렇게 전제하는 것은 아이 마음을 닫게 하는 말이 되며, 일방적인 훈계가 된다. 옳은 말, 바른말로 지식은 전달할 수 있어도 사람을 위로하거나 변화하게 만들지는 못한다.

아이가 쓰는 어휘(단어) 자체에 초점을 두지 말고 감정과 욕구에 초점을 두자. 아이는 자신이 원하는 바를 능숙하게 표현하지 못한다. 그래서 본심과 다른 말을 할 때가 있다. 엄마의 공감이 전제되어야 엄마의 조언과 충고를 귀담아듣는다. 공감을 잘하는 가족은 서로를 신뢰하고 사랑한다는 전제가 있다. 행복한 가족은 비난하거나 일방적으로 해석하지 않는다. 그래서 잘못된 행동을 두고 단호하게 말해도 나쁜 영향을 주지 않는다.

"그랬어?" "그랬구나" "맞아" "저런, 속상했구나" "우와!!" "정말?" 이런 말들은 자주 할수록 좋다. 그리고 아이가 말할 때 눈높이를 맞춰야 한다. 수긍의 의미로 고개를 끄덕이고 다양한 표정을 지으며 적극적으로 반응해야 한다. 아이는 자신의 사소한 말에도 엄마가 반응하면 신바람이 난다. 든든해지고 위로를 받는다. 그러면 화났던 마음도 어느새 눈 녹듯 사라진다.

부정적인 감정을 없애는 엄마의 말

아이가 부정적인 감정을 마구 쏟아 낼 때 엄마는 힘들다. 어려서는 이유 없이 떼를 쓰거나, 소리 지르며 물건을 집어 던질 때, 학교에 다니기 시작하면서는 말대꾸를 하며 짜증 낼 때, 좀 커서는 부모 말에 귀를 막는 모습을 보면서, 그리고 무슨 이유에서인지 소리 죽여 울고 있는 아이의 모습을 보면서, 엄마인 내가 대신 고통을 느끼고 싶을 정도로 힘들다. 하지만 부모는 해결사가 아니다. 해결사 역할을 하려고 해서는 안 된다. 부모의 역할은 최적화된 상담자(공감하는 사람)일 뿐이다.

"친구가 오늘도 날 놀렸어. 기분 나빠." "너도 친구 놀린 거 아니야?" "아니야. 나 아무 짓도 안 했어. 절교할 거야." "뭘 그런 일로 절교까지 해! 그런 일로 절교하면 너 외톨이 돼."

공감의 중요성에 대해서 귀가 따가울 정도로 많이 듣고 잘 알고 있지만, 왜 그렇게 실천이 어려운 걸까? 그 이유는 아이가 말할 때 온 마음을 집중해야 하는데 그게 일단 쉽지 않고, 엄마로서 누구보다 내 아이를 잘 알고 있다고 생각하기 때문이다.

"친구가 오늘도 날 놀렸어. 절교할 거야." **(공감)**"친구가 놀려서 속상했겠네. 이제 놀고 싶지 않구나. 화가 많이 났네." "오늘도 놀다가 두 번이나 놀렸어. 사실 나는 그 애랑 친하게 지내고 싶거든." "친구가 놀릴 때, 속상하다고 말해봤어?" "아니." **(대안제시)**"친구에게 말하지 않으면 놀렸다고 생각하지 못할 수도 있어. 친구에게 기분이 안좋다고, 하지 말라고 얘기해볼 수 있겠어?"

아이가 부정적인 행동을 보일 때, 충분히 공감한 후 소통하면 문제 행동을 방지할 수 있다. 부모에게 듣고 싶었던 말을 들으면 폭풍우가 내리쳤던 아이의 감정은 순식간에 가라앉는다. 그런다음 아이가 알아야 하는 내용을 차분하게 설명해야 한다.

공감은 강한 유대감을 형성한다. 공감을 많이 받고 자란 아이는 다른 사람의 마음을 이해하는 능력을 자연스럽게 습득한다. 이런 아이들은 친구들과 잘 어울리고, 어느 단체에 있든 갈등을 일으킬 가능성이 낮다. 반면 공감을 많이 받지 못한 아이는 부적응 문제가 자주 발생한다. 공격적인 행동을 하기도 하고, 감정의 기복이 심해 감정 표출도 제멋대로 한다. 친구들과 어울리는 것도 힘들어한다.

부모에게 공감을 받고 자란 아이는 결국 공감 잘하는 아이로 성장한다. 아이가 친구들을 본격적으로 사귀기 시작할 때가되면 엄마는 좋은 친구들을 만나게 해주려고 이런저런 노력을 시작한다. 이때 잊지 말아야 할 것이 나부터 아이에게 공감해주는 습관이다. 타인과 협력해야 하는 일이 많은 시대다. 당연히 사람을 대하는 역량이 좋을수록 아이는 좀 더 편안하게 세상을 살아갈 수 있다.

적극적인 반응으로 공감능력을 높이는 말

어머! 이게 뭐야? 봉투 안에 들어 있어서 정말 궁금해지네.

치마를 입은 예쁜 여자가 있어. 혹시 엄마야? 감동이야!

잘 보이는 곳에 작품을 걸어두고 봐야겠어.

아빠도 좋아하실 것 같은데 이따가 보여 드리자.

기발한 생각을 어떻게 한 거야? 정말 대단해!

소극적인 반응으로 공감능력을 낮추는 말

(짧게 응시한 후) 응, 잘 그렸네.

여기 선이 넘어갔어. 선을 넘지 않게 칠했어야지.

편지 잘 받아봤는데 맞춤법이 틀렸잖아.

이거 네가 다 한 거 맞아?

지금 바쁘니까 식탁 위에 올려놔. 이따 볼게.

아이의 마음을 읽어주는 말

기분이 안 좋구나. 더 놀고 싶었어?

힘들 텐데도 잘 참았어.

엄마는 네가 얼마나 잘하고 싶어했는지 잘 알고 있어.

이 방법이 싫구나. 어떻게 하고 싶어?

놀랐지? 어떻게 하면 쏟지 않고 먹을 수 있을까?

아이의 마음을 닫게 하는 말

넌 형이면서 양보 안 하고 꼭 이기려고 하더라.

무슨 일만 있으면 왜 울기부터 해. 말로 해.

넌 분명 이렇게 생각한 거야. 그러니까 이런 행동을 하지.

넌 아직 어려. 하라는 대로 해.

이번 일은 네가 잘못한 거야. 엄마 생각에는~

10

주의 깊게 들어주면
아이는 안심한다

누군가 진정으로 자신의 말을 들어주고 있다는 그 자체만으로도
눈부신 치료 효과가 나타난다.
- 스캇펫

온전히 경청하게 만드는 에너지, 호기심

내 말을 들어주는 사람이 없다고 생각될 때 깊은 외로움을 느낀다. 설령 엄마가 들어준다 하더라도 건성으로 듣고 있거나 깊이 이해하지 못한다는 생각이 들면 아이는 답답하다. 하지만 엄마는 아이가 무슨 말을 할지 이미 알고 있다고 보고 계속해서 듣는 건 서로에게 시간 낭비라 생각하며 말을 끊는다. 그리고는 바로 아이의 생각을 올바르게 잡아 주려 한다. 그래서 온 에너지를 다해 들어주기가 어렵다. 엄마의 머릿속은 언제나 아이에게 해 줄 말로 바쁘다. 그런데 아이가 무슨 말을 할지 뻔히 다 안다는 것은 엄마의 착각 아닐까? 이런 착각은 어디에서 오는 것일까? 과거의 기억에서 온다.

아이의 말을 진정성 있게 듣는 방법이 있다. 바로 "호기심"이다. 아이가 세상에서 겪는 수많은 일을 어떻게 해석하는지, 어떤 감정을 느끼고 있는지 호기심을 갖고 아이를 탐색하는 것이다. 어떤 욕구를 가졌는지, 하고 싶은 것은 무엇인지 호기심을 갖고서 관찰하는 것이다. 아이가 화가 났을 때는 호기심을 갖고서 질문으로 접근해야 한다. 임의로 상황을 판단하려고 해서는 안 된다. 아이가 표현하지 못한 진짜 욕구는 무엇인지 알아야 한다. 엄마의 진지한 표정과 관심이 아이의 불안과 두려움을 빨리 없애는 명약이다.

"친구가 내 옷에 물감을 묻혔어. 그래서 선생님께 일렀어"

"바로 선생님께 일렀다고? 그럼 친구가 기분 나쁘지."

아이의 태도나 말에 실수가 있다는 것이 감지되었다 하더라도 일단 끝까지 들어야 한다. 하고 싶은 말을 꾹 참고 끝까지 듣는 것이 우선이다. 아이의 말을 끊고 엄마의 의견이라고 말하는 순간, 아이는 더 하고 싶은 말이 있어도 입을 닫아 버린다. 이미 잔소리로 변질된 것이다. 엄마가 갑자기 다른 말로 화제를 돌리거나 핸드폰이나 다른 곳을 쳐다보거나 하는 것도 아이의 마음을 불편하게 만든다.

마음의 깊은 상처들은 축적된다. 아이 말을 경청하는 것은 그 어떤 일보다도 중요하다. 잘 듣는다는 것은 아이와 엄마를 정서적으로 연결시켜 주는 끈이 된다. '엄마 입장'이 아닌 '아이 입장'에서 호기심을 발동시키자.

안심하고 쉴 수 있는 아이의 공간, 엄마

나는 세 아이를 사회복지법인인 홀트를 통해 입양했다. 입양 전 홀트에서는 입양 부모를 대상으로 부모 교육을 진행한다. 요즘은 대부분 공개 입양을 한다. 아이에게 입양 사실을 알리는 것이다. 부모가 아이에게 태생을 숨기거나 거짓말을 한다면 아이 역시도 건강한 성장을 할 수 없다고 했다. 나 역시도 공개 권유를 받았다.

어느 날 저녁 밥상에서 아이들끼리 나눈 대화가 있다. "구구단 누가 가르쳐 줬게? 날 낳아준 엄마가 가르쳐 준거야." "거짓말하지 마. 엄마가 우리 아기 때부터 키웠거든." "근데, 엄마, 나 낳아준 엄마는 몇 살이야?" "글쎄, 나이는 엄마도 잘 모르겠는데, 엄마도 궁금하네" "나를 낳아준 엄마 나이도 몰라?" "응, 나중에 홀트 가서 같이 알아볼까?" 이때 막내가 성큼성큼 내게 걸어오더니 귓속말로 "엄마, 난 엄마가 누군지 알아" "누군데?" "엄마는 새엄마잖아." 막내의 엉뚱한 말에 아이들과 나는 깔깔 웃으며 대화를 마무리했다.

입양은 아이들의 잘못이 아니다. 나는 철저히 아이 입장에서만 생각한다. 물론 이렇게 되기까지 심적 갈등도 많았다. 아이들에게 입양 사실을 알린 후 아이들의 마음과 욕구에 더욱 집중할 수 있도록 노력한다.

짐작하듯이, 주변 사람들은 입양 공개에 대해 걱정을 많이 한다. 내가 가장 많이 들은 말이 "내 뱃속으로 낳은 아이도 키우기 힘든데, 입양한 아이를 키우다니 대단하다"라는 말이다. 아이가 상처받는 거 아니냐, 아이들이 자신의 입양 사실을 아무렇지 않게 말하는 게 문화적으로 맞느냐, 라는 질문도 자주 받는다. 하지만 이런 걱정 속에는 편견이 숨어 있다.

편견에 맞서려면 나부터 아이들 입양에 대해 당당해져야 한다. 입양 가족은 특별한 게 아니라 '다른 것'일 뿐이다, 라는 사실을 뼛속 깊게 인식해야 한다. 하지만 순수한 아이들의 눈빛을 볼 때마다 잘하고 있는 건지, 마음이 흔들릴 때가 많았다.

숨기거나 눈치 보게 만드는 것은 잘못이 없는 아이들에게 알 수 없는 죄책감을 만들어 준다. 중학교 2학년이 된 셋째와 자신을 낳아 준 엄마에 대해 대화를 나눈 일이 있었다. 결국 "엄마가 우리를 정말 사랑하는 게 마음으로 느껴져"라는 말을 듣고 대화는 마무리 되었다. 나는 지금도 그때의 깊고 진한 감동을 잊을 수 없다. 내가 아이를 위해 해줄 수 있는 최선은 언제든 궁금하면 무엇이든 말할 수 있다는 편안함이다.

부모의 경청만큼 강력한 힘이 있을까! 아이의 말을 잘 들어 준다는 것은 아이를 존중하고 있다는 것을 보여주는 것과 같다. 아이와 대화 할 때는 휴대폰에서 눈을 떼고, 아이와 눈을 마주치고, 아이 쪽으로 몸을 기울여야 한다. 그리고 집중해서 들어야 한다. 경청은 "너는 정말 소중한 사람이야"라고 직접 말하는 것보다 더 큰 힘을 발휘한다.

아이의 말에 귀 기울여 존재감을 느끼게 하는 말

앉아서 얘기해봐. 궁금해.

어떤 부분이 속상했어? 말해봐, 엄마가 들어줄게.

그렇게 생각할 수도 있어.

또 다르게 생각하는 게 있어?

그래서 어떻게 되었어?

아이의 말을 끊어 마음을 공허하게 만드는 말

또 그러네. 그러면 못 써.

그만. 엄마는 네가 무슨 생각하는지 다 알아.

왜 그렇게 생각해?

네가 잘못 생각하는 거야.

그런 생각을 어떻게 할 수 있는 거야? 이기적인 마음이야.

11

강점을 구체적으로 칭찬하면 아이가 바뀐다

인간의 본성은
타인에게 칭찬받는 것을 갈망한다는 것이다.
– 윌리엄 제임스

칭찬을 잘하기 위한 워밍업, 라포 형성

상대방에 대한 칭찬만큼 라포(rapport)를 형성하기에 좋은 것이 없다. 라포는 사람과 사람 사이에 생기는 신뢰와 조화, 친밀감을 뜻하는 심리학 용어다. 라포는 서로의 욕구와 감정을 이해하는 조화로운 소통에 반드시 필요하다.

그동안 우리 세대 이상이라면, 부모로부터 있는 그대로의 자신의 개성을 존중받은 기억이 매우 부족하다. 그래서 칭찬받는 것도, 칭찬하는 것도 익숙지 않다. 그러나 세상이 바뀌었다. 아이를 움직이게 하려면 칭찬은 필수다. 그렇지만 칭찬은 소홀해지기 쉽다. 더군다나 부모 자녀 사이는 너무 가깝다. 그러다 보니 표현하지 않아도 당연히 알 거로 생각한다.

라포를 유지하는 데에는 그 어떤 말보다 비언어적 소통인 신체 언어를 활용하는 것이 중요하다. 앞서 얘기한 '거울 반응'처럼 아이의 말과 행동을 그대로 따라 하거나 억양, 몸짓, 표정 등에 민감하게 반응하는 것이다. 보채지 않고 아이의 속도에 맞추면서 공감적인 반응과 긍정적인 태도를 보이면 도움이 된다. 결국, 공감과 경청이 라포 형성의 핵심축이다.

아이가 자랄수록 달라져야 하는 엄마의 칭찬법

혹시, 아이의 잘못을 두고 빛의 속도로 지적하는 건 아닌지 생각해보자. 반면, 아이가 잘한 부분에 대해서는 그냥 지나치고 있지는 않나? 아이는 어릴수록 부모의 칭찬 한마디에 뿌듯함을 크게 느낀다. 그러나 아이가 자랄수록 단순한 칭찬은 더이상 통하지 않는다. 어느 순간 칭찬을 해도 아무 반응이 없다. 아이는 사회성이 발달하면서 진정성이 없는 칭찬을 가려내기 시작한다. 그동안 단순한 칭찬으로 아이를 달랬다고 한다면, 이러한 시도는 고학년이 될수록 점점 무력화된다.

아이가 성장할 수록 칭찬법도 달라야 한다. 연령별 두뇌 발달을 보게 되면 0세는 표정이나 몸짓으로 욕구를 표현한다. 그래서 긍정적이고 다양한 엄마의 반응이 효과적인 칭찬법이다. 1~2세는 신체와 자아 개념이 발달하면서 사회적 존재로서 자신을 인식하지만 자기중심적이다. 이때는 아이 활동이나 말에 동의해주는 칭찬이 필요하다. 3~4세에는 과거·현재·미래에 기반해서 칭찬을 해주면 좋다. 5~6세는 공감적 칭찬으로 사회생활의 기초를 탄탄하게 형성하도록 도와야 한다. 초등학생이 되면 주변을 살피고 나와는 다른 관점이 존재한다는 것을 알기 시작한다. 그리고 서서히 엄마로부터 독립하려고 한다. 자신의 기호가 뚜렷이 만들어지고 형제나 친구와의 경쟁의식도 생긴다. 이때의 효과적인 칭찬법은 공감과 함께 강점을 강화할 수 있는 과정 중심의 격려이다. (연령별 칭찬법의 예는 이 글 끝 '엄마의 말습관'에서 소개합니다.)

아이 성장에 따라 적절한 칭찬을 사용하면 문제 해결 능력이 발달한다. 부모로부터 얻은 좋은 경험은 좋은 감정으로 작용하여 긍정적으로 자신을 인식하도록 돕는다. 그리고 타인의 장점도 잘 보게 해준다. 이처럼 칭찬은 불안한 마음을 안정시키고 상처받은 마음까지도 치유해 주는 힘이 있으며 기분까지도 좋아지게 만드는 강력한 소통 기술이다.

아이 성향에 따르는 엄마의 칭찬

스탠퍼드대학 교수인 캐롤 드웩(Carol S. Dweck)은 그의 저서 『마인드셋』를 통해 칭찬을 두 가지 개념으로 설명했다. 바로 '성장 마인드셋'과 '고정 마인드셋'이다.

칭찬은 인간의 뇌 구조에 영향을 미치며, 칭찬의 방식에 따라 아이를 변화시킬 수 있다. 성장 마인드셋을 가진 아이에게는 노력하는 과정에 대한 칭찬을 하는 것이 효과적이다. 이 아이들은 노력과 개선에 대한 피드백을 더욱 의미 있게 받아들인다. 반면, 고정 마인드셋을 가진 아이들에게는 능력 자체에 대한 칭찬이 중요하다. 그리고 극복하기 어려운 장애물을 만났을 때 자신을 의심하고 이른 포기를 하지 않도록 유도하는 것이 중요하다.

성장 마인드셋과 고정 마인드셋. 어떤 마인드셋을 가진 아이가 되면 좋을까? 아직 아무것도 결정되지 않은 상태이며 무한한 가능성을 갖고 있는 아이에게는 성장 마인드셋이 더 중요하다. 하지만 고정 마인드셋에서처럼 성취 결과에 대한 칭찬과 격려 또한 매우 중요하다. 그래서 둘 다 필요하다.

칭찬은 좋은 말 몇 마디가 아니다. 칭찬에도 방법이 있다. 잘한 부분을 구체적으로 그리고 노력의 과정을 칭찬해야 한다. 그러면 아이는 인정받고 있다는 느낌을 갖게 된다. 그러면 정서적으로 안정되면서 더 잘하고 싶은 마음을 품게 된다. 칭찬은 생각보다 쉽지 않다. 주의 깊게 아이를 살펴보고 말로 표현해보는 연습이 있어야 가능하다. 만족하는 결과가 아니라 하더라도 그동안 했던 노력에 대해서 구체적으로 격려하는 칭찬을 해주자.

아이와 라포를 형성하는 말

[따라하기]친구 때문에 기분 나빴구나

[몸짓](엄지를 위로 올리며)이야, 잘했어!

[표정](놀란 표정을 지으며)정말? 연습을 그동안 많이 했구나!

[동의](맞장구 치며)그래? 그랬어?

아이와 라포에 방해되는 말

[바로잡기]그건 아니지.

[쳐다보지 않기]그래그래, 알았어.

[무표정]그래, 잘했어.

[말끊기]그게 아니고, 엄마 생각에는~

[0세]다양한 표정, 행동, 억양 등 단순하고 긍정적 칭찬

잘했어 / 우와 / 사랑해 / 힘내 / 최고야

[1~2세]공감을 중심으로 한 칭찬

색을 이렇게 섞으니까 알록달록 무지개색 같네.

친구에게 장난감을 양보하다니, 마음이 예쁘구나.

[3~4세]과거·현재·미래를 연결해서 과정에 중심을 둔 칭찬

오늘 아침에 유치원 가기 싫다고 울어서 걱정했는데 이렇게 멋진 작
　품도 만들고 재미있게 놀았어? 우와, 멋지다.

이거 만들고 싶다고 하더니 먼저 그린 거야? 그림을 보니 무엇을 만
　들고 싶어하는지 엄마도 이해가 되네.

[5~6세]사회성과 편안한 정서를 위한 공감적 칭찬

연두색을 좋아하는 것 같아. 네 그림을 보니 엄마 마음까지 편안해지
　는 것 같아.

팔이 다친 친구를 도왔다고 선생님께서 칭찬하시더라. 엄마는 너의
　착한 마음이 참 좋아.

[초등학생]공감과 격려를 통한 강점 칭찬

역시! 열심히 생각하고 다시 도전하더니 결국 이렇게 바뀌었네. 힘들

었텐데 대단해!

엄마는 네가 자기 전에 책을 읽었으면 좋겠다고 생각했는데 어제 저

녁에 책을 보고 자더라. 기특해!

성장 마인드셋을 가진 아이를 위한 칭찬의 말

작게 잘라주니 용기를 내서 브로콜리를 먹었네! 잘했어.

엄마도 먹어보라고 주는 거야? 예쁜 마음이네.

모든 문제가 쉬운 게 아니었을 텐데 노력이 느껴지는구나.

시간이 오래 걸렸는데 끝까지 포기하지 않았어. 대단해.

네가 아픈데도 축구 연습을 하러 나가더니 실력이 많이 늘었어.

고정 마인드셋을 가진 아이를 위한 칭찬의 말

이번 시험에서 100점 받았네. 잘했어.

아빠(엄마) 닮아서 똑똑해.

넌 항상 최고니까 실수가 있어서는 안 돼.

넌 수학적 재능이 있어. 똑똑해.

역시 잘 생겼어.

12

자주 인정해야
부모의 사랑과
존중을 배운다

아이의 숨겨진 힘을 알아차리고
성장을 돕겠다는 의도로 겸손히 다가가야 한다.
그러면 아이의 진정한 내면의 힘이 드러날 것이다.
- 몬테소리

사랑과 애정은 건강한 인정욕구의 뿌리

EBS에서 방영한 《위대한 수업, 인정 투쟁》를 보게 되면, 독일의 철학자 악셀 호네트(Axel Honneth)는 우리가 생각하는 스스로의 능력과 가치를 타인이 확인해 주기를 바라는 욕구를 "인정"이라고 했다. 그는 인정의 실현 장소를 사랑은 가정에서, 권리는 학교에서, 연대는 사회에서 이루어진다고 했다. 결국 나에게 친밀하고 가치 있는 존재로부터 인정받아야 의미가 있다는 뜻이다. 존중받지 못한다는 것은 삶의 의지를 잃는 것과 같다. 그렇기 때문에 아이는 부모로부터 충분한 사랑을 받아야 한다.

엄마의 인정은 아이의 자기효능감을 높이는 원천이 된다. 자기효능감이 무엇인지는 앞에서도 설명한 바 있다. 효능감은 경험, 지식, 기술을 활용할 줄 알며 학업 동기를 촉진하는 능력이다. 자기효능감이 높은 아이는 주어진 일에 집중하며 어려운 일을 극복하기 위한 노력을 아끼지 않는다. 비록 만족할만할 결과가 나오지 않더라도 외부 탓을 하지 않고 보완할 부분을 찾는다. 반면 자기효능감이 낮은 아이는 자기 능력을 의심하고, 조금만 어려워도 상황을 회피하거나 포기한다.

꿋꿋하게 목표를 달성하는 사람들의 공통점은 남의 이목을 두려워하지 않는다. 수많은 목소리 속에서도 자신의 목소리를 당당하게 낼 줄 알고, 권리를 지킨다. 내 아이가 이렇게 성장하기를 원한다면, 긍정적인 피드백을 차곡차곡 쌓아주는 것을 주저하지 말아야 한다.

기적 같은 말 "고마워, 네 덕분이야"

미국의 심리학자 에이브러햄 매슬로(Abraham H. Maslow)는 생리적 욕구, 안전 욕구, 애정과 소속 욕구, 존중 욕구, 자아실현 욕구 이렇게 다섯 가지를 갖고서 사람의 기본 욕구 5단계를 제시했다.

살면서 각각의 단계가 충족되지 않는다면 삶의 의욕을 잃을 수 있다. 아이도 마찬가지이다. 아이의 욕구가 잘 충족될 수 있게 도와야 한다. 이때 부모로서 자주 해야 하는 말 두 가지가 있다. 바로 '고맙다'와 '덕분에'이다.

'고맙다'는 말은 아이의 존재와 행동에 대해 소중하게 생각하는 마음이 담긴 말이다. 자주 많이 할수록 강한 유대감이 형성된다. 누군가를 돕거나 배려하는 것의 참된 가치를 알려주고 도덕성의 기초도 심어준다. 사회관계에서는 긍정적으로 행동하게 하는 촉진제 역할도 한다. 간단하지만 매우 의미 있는 한마디이다.

'덕분에'라는 말은 아이의 배려와 행동이 긍정적인 결과를 가져왔음을 인정하는 것으로 자아를 긍정적으로 인식하는 데 도움이 된다. 나의 행동이나 배려가 주변 사람을 도왔다는 생각은 소속 집단에서 자신의 가치를 확인하는 역할을 한다.

아이 혼자 애쓴다고 인정욕구가 채워지지는 않는다. 인정욕구에 대한 기반이 튼튼해지려면 부모 역할이 무엇보다 중요하다.

다른 사람을 인정할 때 나도 인정 받아

부모에게 안정적인 사랑을 느낄 때 '사랑의 호르몬'이라고 불리는 옥시토신이 분비된다. 인정받는 아이는 내면이 따뜻하고 포근하다. 옥시토신은 사회적 유대감과 친밀한 감정을 촉진하는 역할을 한다. 그래서 '결속 호르몬'이라고도 한다.

아이는 가족, 영유아기관, 학교에서 선생님과 또래와의 관계 속에서 소속감을 느낀다. 이때 누군가로부터 지지를 받는다고 느낀다면 옥시토신이 분비되면서 사회적 스트레스를 낮춘다. 그리고 소속 집단과 정서적 끈 역할을 하며 사회성 향상에도 도움을 준다.

"하온아, 이게 필요했어? 왜 그랬는지 말해줄 수 있어?" "동물원을 만들고 싶은데 저게 없으면 못 만들어." "그랬구나. 그런데 친구가 가지고 놀던 걸 말없이 가져오면 친구는 어떤 기분이 들까? 친구 표정 좀 봐. 어때?" "속상한 것 같아." "그래, 친구가 많이 화가 나고 속상했어. 그렇지? 다음부터는 친구에게 빌려달라고 말해보자."

아이는 이기적이어서가 아니라 타인의 감정을 읽는 것이 미숙해서 자기중심적으로 행동한다. 이때 타인을 존중하는 법을 가르치지 않는다면 정말 이기적인 사람이 된다.

고삐 풀린 망아지처럼 행동하는 아이들을 어렵지 않게 만날 수 있는 요즘이다. 타인의 외모를 비하하거나, 성적 또는 집의 크기로 친구와 자신의 우열을 가리기도 한다. 혼자 살아가는 세상이 아니다. 다른 사람을 인정해야 나도 인정받을 수 있다.

누구나 인정욕구를 갖고 있다. 기본적이면서 매우 강한 욕구다. 사회적 동물인 인간은 인정욕구를 채우기 위해 끊임없이 타인과 소통한다. 주위를 둘러보면 인정받기 위해 전쟁 같은 삶을 이어가는 사람을 많이 볼 수 있다. 인정받는 경험은 한 인간으로서 긍정적인 자아상을 만드는 데 큰 도움이 된다. '있는 그대로' 우리 아이를 인정해보자. 아이가 무엇인가를 잘할 때는 작정하지 않아도 저절로 칭찬이 나온다. 그러나 기대치에 미치지 못할 때는 칭찬해야 한다는 것을 알면서도 지적이나 보완해

주고 싶은 것들이 먼저 떠오른다. 그래서 인정과 격려에도 연습이 필요하다.

배려심을 키워주는 말

하온이 덕분에 엄마도 재미있었어.

아인이가 빌려준 덕분에 친구랑 즐겁게 놀이할 수 있었네.

네가 도와준 덕분에 금세 옮길 수 있었어.

우는 동생을 잘 봐준 덕분에 엄마가 밥을 할 수 있었네.

네 피아노 연주 덕분에 아픈 할머니가 웃으셨어.

배려심을 없애는 말

하기 싫으면 하지마. 네 마음이 제일 중요해.

세상은 냉정해. 손해 보면 안 돼.

아무도 믿지 마.

화가 나서 친구 때렸어? 그럴 수 있지.

내 자식에게 누가 감히 함부로 해?

13

실수에는
공감의 말을
먼저 한 다음
구체적인 피드백을
한다

가정은 있는 그대로의 나를 표시할 수 있는
유일한 장소이다.
- 앙드레 모루아

존재 자체를 빛나게 해주는 엄마의 말

사랑에 대한 정의는 대상이나 시대에 따라 주관적으로 해석될 수 있다. 그러나 변하지 않는 것은 사랑할 때 나오는 애정표현이다. "사랑해" "잘했어" "넌 특별해" "대단해" 이 말은 아이에게 더할 나위 없이 좋은 애정 표현이다. 많이 할수록 마음의 씨앗이 되어 사랑의 꽃으로 활짝 피어난다. '나는 꽤 괜찮은 사람이야' '나는 할 수 있는 사람이야' 이렇게 내면의 힘을 키울 수 있게 도와주는 말이다. 특히 자존감이 낮은 아이에게는 더 많이 들려줘야 한다.

아이를 키우며 힘든 날들도 있지만 말로 표현할 수 없을 정도의 큰 기쁨을 마주할 때도 있다. 이런 날은 나도 모르게 표정으로 감정이 흘러나온다. 눈가로 주름이 잡히며 입꼬리가 올라가고 몸짓으로도 나온다.

"너 때문에 참 행복해" 누군가가 환한 미소와 함께 버선발로 맞이해주면 기분이 좋지 않을 수 없다. 나의 존재 자체를 기뻐해 주는 것이기 때문이다. '나 때문에 기쁘고 행복한 엄마' '나 때문에 든든한 엄마'를 보게 되면, 아이의 내면세계는 건강한 자아로 가득 찬다.

"엄마, 나 수학 100점 받았어." "100점 맞은 시험지를 보니 엄마도 기쁘네. 노력한 만큼 결과가 나왔구나. 노는 시간 줄여서 공부했잖니. 힘들었을 텐데 노력한 네가 정말 대단해."

점수에 따라 엄마의 감정이 변한다면 아이는 공부를 생각할 때마다 불안하다. 점수에 따라 달라지는 사랑의 깊이는 스트레스를 만든다. 조건부로 받는 사랑은 언제든 변할 수 있기 때문에 아이의 마음은 언제나 불편하다. 조건 없는 사랑이 중요하다. 결과물보다는 아이가 잘한 부분에 초점을 두고 칭찬해야 한다. 많은 연구 결과가 엄마의 애정 표현만으로도 문제 행동이 개선된다고 했다.

애정을 기반으로 한 칭찬과 격려는 아이들의 행동을 바꿀 수 있는 큰 힘이다. 지능과 외적인 부분들을 칭찬하면 창의성과 문제 해결 능력이 저하되지만, 노력과 과정을 칭찬하면 아이는 자신의 잠재된 능력을 신뢰한다. 있는 그대로의 자신을 받아들이며 사랑하는 힘을 얻는다. 낮아진 자존감까지 일으켜 세운다.

속도전이 아닌 아이의 성장

아이가 위축되거나 상처받을지 예상 못 하고 성급하게 말을 꺼낼 때가 있다. 그러나 부모가 서두른다고 해서 아이가 잘 배우고 익히는 것은 아니다. 아이는 하루가 다르게 성장하고 변화한다. 아이의 '변화'에 초점을 두는 것이 교육이다. 변화에 초점을 맞추면 서두르지 않고 기다릴 수 있는 인내심이 생긴다. 교육은 속도전이 아니다.

부모라는 울타리 안에서 실패와 좌절을 경험하고 일어서는 방법을 터득하는 것이 중요하다. 아이의 행동이 성에 차지 않더라도 일단은 지켜봐야 한다. 아이가 어떤 실수를 했다면 이때야말로 엄마의 말이 필요한 순간이다. 어른으로서는 별거 아닌 것 같아도 아이로서는 매우 중대한 문제다. 일단 충분히 공감해 주는 것이 필요하다. 엄마도 같이 속상하다는 것을 아이가 느낄 정도면 충분하다. 그리고 아이를 안아주며 "괜찮아!"라고 말해준다. 그리고 필요한 대화를 이어가면 된다.

아이는 이런저런 실수를 하면서 점차 자신의 삶의 기술을 체득해 나간다. 스스로 하려고 할 때는 지켜봐 주는 것이 필요하다. 이때 응원과 격려의 말을 해준다면 건강하게 성장할 수 있다. 하지만 실수할 때마다 지적하면 성장에 빨간불이 켜진다. 지금, 아이는 세상의 기술을 익혀나가는 중이라는 사실을 잊지 말자. 실수를 통해서 배운다는 말이 있다. 부모가 어떻게 실수를 다루는지에 따라 아이의 자존감이 늘었다 줄었다 한다.

아이가 태어났을 때 터질듯한 감동으로 다짐했던 것들이 있다. 꼬물거리는 아기를 보며 이 조그만 아이에게 화낼 일은 없을 줄 알았다. 그러나 아이가 자랄수록 예상치 않았던 성장통에 엄마의 어깨는 무겁다. 엄마도 처음 아이를 키우며 함께 성장해 나가는 중이다.

긍정적이고 애정 어린 엄마의 말은 아이에게 사랑의 옷을 입히는 것과 같다. 부모는 언제나 아이의 발전 가능성을 보아야 한다. 아이가 엄마의 말을 받아들이도록 아이 마음에 공감부터 해야 한다. 그다음 구체적인 피드백으로 아이를 도와야 한다. 이것이 핵심이다. 잊지 말자. "사랑해, 잘했어, 넌 특별해, 대단해, 기쁘구나, 행복해, 괜찮아, 기다릴게, 할 수 있어, 잘될 거야"부터 말하자.

그동안 아이의 도전에 어떤 반응을 보였는가! 혹시, 아이가 싱크대 그릇을 꺼낼 때 뒷정리가 걱정돼 한숨부터 쉬지 않았나? 아이가 자신의 수준보다 어려운 퍼즐을 꺼내 달라고 할 때 무시하지는 않았나? 어지럽히는 게 싫어서, 뒷정리가 무서워서, 아이의 에너지를 감당하기 힘들어서 선을 그었던 것은 아니었나? 크고 작은 도전으로 내면의 강인함을 기를 수 있도록 연습장을 제공하는 훌륭한 울타리가 부모임을 잊지 말자.

아이 내면에 긍정의 씨앗을 키우는 말

사랑해. 널 볼 때마다 힘이 나.

잘했어. 책상 정리를 깔끔하게 했구나.

너는 세상에서 하나밖에 없는 특별한 사람이야.

레고 설명서를 보고 혼자 조립한 거야? 대단해!

엄마는 널 볼 때마다 감동해. 세상에서 넌 가장 소중한 존재야.

아이 내면에 부정의 씨앗을 키우는 말

넌 못한다니까! 엄마가 하라는 대로 해.

왜 이렇게 꼼지락거려. 빨리 못하니?

내가 이럴 줄 알았어.

왜 한 번 말하면 못 알아 듣지?

좋은 말로 하면 안 듣고, 꼭 화내야 듣더라.

실수한 아이에게 해야 하는 말

괜찮아. 쉬운 것부터 해 보자.

기회는 있어, 얼마든지 할 수 있어!

천천히 해. 기다릴게.

이 부분은 정말 근사한걸! 마음에 안 드는 부분만 다시 만들어볼까?

이번에 실패했어도 지금처럼 노력하면 분명히 좋아질 거야.

실수한 아이에게 하지 말아야 하는 말

너 때문에 엄마가 진짜 힘들어.

내가 널 왜 낳았을까!

너에게 실망했어.

너 때문에 너무 창피해.

너 바보니?

14

사랑의 매도
깊은 상처가
될 수 있다

성격의 결함은 아이의 어린 시절,
잘못을 저질렀을 때 받았던 대우 때문에 형성된다.
– 몬테소리

체벌을 부르는 권위적인 양육태도

체벌은 신체적인 고통을 줌으로써 바람직하지 않은 행동을 억제하거나 수정하는 것을 목적으로 한다. 하지만 아이에게는 그저 육체적인 아픔을 받느냐 받지 않느냐의 문제일 뿐이다.

체벌의 부작용 중 가장 많이 보고되고 있는 것이 아이의 공격성 증가이다. 체벌을 많이 당한 아이는 성인이 되어서 폭력 행사 가능성이 높다. 타인을 통제하기 위해 폭력이 허용된 방법이라고 어려서부터 학습한 효과 때문이다. 힘의 오용을 배운 것이다. 다른 사람과의 관계에서도 '말로 안 통하면 때려서라도 해결하면 된다'는 식의 아주 위험한 생각을 한다.

체벌을 사용하는 부모는 권위를 중요하게 생각한다. 명령을 내리고 아이는 복종해야 한다고 생각한다. 그러나 반응이 기대치에 미치지 못하면 감정적인 말부터 나온다. 융통성 없는 행동 기준을 정하고 필요한 행동이나 태도를 엄격하게 요구하기도 한다. 아이는 따르기만 하면 된다고 생각하고, 아이의 의견이나 감정은 무시된다. 하지만 무시된 감정은 깊은 상처를 남긴다. 체벌을 경험한 아이는 어른이 되어서 우울증에 걸릴 가능성이 높다.

체벌은 공포감을 피하고자 자신의 감정만 살피게 하여 다른 사람의 마음을 헤아리기 어렵게 만든다. 부모에게 분노를 느껴

회피하려는 경향도 높아진다. 자신의 의견을 표현하거나 문제 해결 능력을 떨어뜨려 수치심과 무력감에 자주 노출되기도 한다.

신체적 고통으로 절대 변화시킬 수 없는 아이

손으로 엉덩이를 살짝 때렸던 행동이 반복되다 보면 어느 순간 감정이 실리면서 폭력으로 변질될 수 있다. 만약 아이를 훈육하다 체벌했다면 이를 의식하고 통제해야 한다. 부모 스스로 자신을 통제하지 않으면 날이 갈수록 체벌 강도가 세질지 모른다. 체벌을 가할 때, 뇌에 공격성 호르몬인 노르아드레날린이 분비된다. 이 호르몬은 더욱 과격한 행동을 하게 만든다.

결국 아이는 일단 아프고 두려워서 행동을 멈추지만, 잦아진 체벌은 면역으로 연결된다. 결국 더 세게 맞아야 부모가 원하는 대로 움직이게 되는데, 이 또한 일시적일 뿐이며, 결국 악순환만 반복된다.

훈육은 주변 환경에 대한 이해를 돕고 사회성을 길러주는 장기적인 과정이지 아이의 자유를 억누르는 것이 아니다. 잘못된 행동에 대해 꾸준히 수정할 기회를 아이에게 허락하는 것이다. 공감과 장기적인 관점의 결합이 훈육이다. 그래서 적절한 훈육은 노력을 필요로 한다. 간혹 훈육과 체벌을 같은 뜻으로 오해하기도 하는데 다른 개념이라는 것을 반드시 명심하자.

"이제 잘 시간이야. 게임 그만하고 잘 준비하자. 아까 약속했 잖아. 지금 꺼." "아직 안 끝났다고." "끄라고 했어. 지금 당장 안 끄면 혼낼 거야." "아, 정말!" "말버릇이 그게 뭐니? 너 이리 와. 당장 손들고 서 있어."

약속을 지키지 않고 핑계를 대는 아이를 보면 슬슬 화가 난 다. 하지만 아이 입장에서는 약속을 했지만 재미있게 하던 게 임을 갑자기 중단하기는 쉽지가 않다.

"언제 끝날 것 같아? 너무 시간이 오래 걸릴 것 같으면 지금 끄 고, 곧 마무리될 것 같으면 기다려줄게. 하지만 5분 이상은 안 돼."

"지금 꺼"라는 말 대신에 이렇게 말한다면 어땠을까? 책망을 받거나 벌을 받으면, 자신의 행동을 반성하는 것이 아니라 보 복부터 하고 싶어진다. 그래서 엄마가 싫어하는 행동을 일부러 반복하기도 한다.

벌은 쉽게 부모의 말에 복종하게 하지만, 훈육의 근본적인 이유를 가르치는 데에는 방해가 된다. 무엇을 잘못했는지 이해 하도록 가르치는 것이 아니라 잘못된 행동을 멈추는 임시방편 의 역할만 한다. 벌은 두려움, 분노, 억울한 감정을 불러일으켜 부모와의 관계에 부정적인 영향을 준다. 매나 벌로 길들여지면 수동적으로 움직이는 아이가 된다. 그래서 단호한 지적이 체벌 보다 더 낫다.

깊은 상처로 남을 수 있는 사랑의 매

나는 시어머니를 모시고 남편과 그리고 오 남매와 함께 살고 있다. 엄마로 살아가며 인내한 시간은 가족이라는 울타리를 더욱 견고하게 했다. 그러나 내 부모에게서 사랑받지 못한 느낌은 여전히 한 인간의 삶에 비극이라는 생각을 한다.

나는 어린 시절 피멍이 들도록 많이 맞고 자랐다. 다 치유되었다고 생각하지만 여전히 마음의 틈이 벌어지는 순간 그 사이로 어린 시절 충족되지 못한 아픔이 올라온다. 애착에 대해 공부하면서 어린 시절의 아픔이 떠오를 때마다 그 부분을 알아차리고 과거의 나를 달래려 했다. 동시에 우리 아이들에게는 내 아픔이 대물림되지 않기를 간절히 소망했다. 부모에게 사랑을 받지 못한 내면의 상처는 이처럼 매우 깊다. 오래되면 분노로 발전하기도 한다. 상처와 분노는 애정이 설 자리를 잃게 한다.

혹시 매를 아직도 사랑이라는 이름으로 합리화하고 있는건 아닌지 생각해보자. 대표적으로 이런 말들이다. "다 너를 위해 그런 거야." "그러니까 말로 했을 때 들었어야지. 너만 아프잖아." "네가 말한 대로 맞은 거야. 다음에도 똑같은 실수를 하면 몇 대 맞을 건지 생각해." "넌 매를 들어야 말을 듣더라. 좋은 말로 하면 듣지를 않아." "엄마도 맞고 자랐어."

아이는 폭력이든 사랑이든 여과 없이 흡수하고 배운다. 설령

고의가 아니었더라도 아이에게는 학대가 될 수 있음을 인정해야 한다. 그동안 여러 명목의 정당성을 내세워 사소한 체벌이라도 했다면, 이제는 확실히 끊어내야 한다. 그래야 새로운 방법을 찾아 건강한 훈육과 제대로 된 소통을 할 수 있다.

체벌을 사용하는 부모 중에는 비폭력적인 훈육에 대한 충분한 지식이나 교육을 받지 못한 경우가 많다. 어렸을 때 체벌이나 엄격한 교육을 받고 복종하며 자란 경우도 여기에 해당한다. 어떤 부모는 자녀와 놀아주거나 소통하는 방법을 잘 몰라 체벌이 악순환되는 일을 겪기도 한다.

'왜 아이를 훈육하는가'를 질문하고 훈육의 목적부터 정리해야 한다. 변화의 시작은 여기서부터다.

반복적으로 같은 문제에 대해 훈육했음에도 말을 듣지 않는다면 답답한 마음에 꺼내 드는 카드가 체벌이다. '사랑의 매'라는 표현을 듣고 자란 부모세대는 여전히 체벌에 대해 긍정적인 태도를 갖는다. 그래서 일부는 작은 체벌 정도는 괜찮고 필요하다는 생각을 하기도 한다. 그러나 아무리 사랑의 매일지라도 아이에게 상처가 된다면 훈육의 목적으로 바람직하지 않다. 사랑이라는 이름으로 매를 들어도 그 효과는 절대로 사랑으로 전달되지 않는다는 사실을 기억하자.

올바른 훈육의 말

잊었구나. 이렇게 하면 돼.

화가 나는 건 이해하지만 집어던지면 엄마가 맞아서 아파. 아무리 화

　가 나도 던지는 건 안 돼.

앞으로 어떻게 하면 좋겠니?

이렇게 하면 실수를 줄일 수 있겠지?

다시 반복하지 않는 게 중요해. 그만하길 다행이구나.

절대 해서는 안 되는 훈육의 말

셋 셀 때까지 와서 앉아. 하나, 둘, 셋!

엄마가 하라면 입 다물고 해.

어디서 눈을 똑바로 떠?

엄마가 말하는 데 지금 어디를 보는 거야? 집중 안 해?

표정이 그게 뭐야? 엄마 말이 우습니?

15

짧게 말할 때
훈육 효과가 생긴다

질리는 사람이 되는 비결은
말하고 싶은 것을 다 말하는 것이다.
- 볼테르

간결해야 핵심이 들린다

여러 번 같은 말을 해도 전혀 듣지 않던 아이가 결국 우려했던 대로 실수를 저질렀다. 그러면 부모는 화가 치밀어 오른다. 그리고 자신의 말을 듣지 않았기 때문에 일어난 일이라는 사실을 꼭 알려주고 싶다. 그런 다음, 엄마 말을 잘 들어야 하는 이유를 구구절절 설명한다. 때로는 아이가 너무 괘씸하게 느껴져 자신의 화난 감정이 풀릴 때까지 아이를 붙잡고 같은 소리를 반복하기도 한다.

간결하게 의사를 전달하기 위해서는 순서가 있다. "상황 파악 → 경청 → 공감 → 대안 제시 → 규칙 설명"의 순이다. 엄마가 중요하다고 여러 번 미리 말했지만 아이는 결국 학원에 지각했다. 이럴 때는 왜 지각했는지부터 물어야 한다. 지각할만한 이유가 있을 수 있기 때문이다. 그럴 이유가 없는데도 그랬다면, 이유를 파악한 후 해결 방법을 찾는 대화를 나눠야 한다. 그런 다음 규칙에 대해 다시 한번 말해야 한다.

몇 번의 기회에도 사람들 앞에서 떼를 쓰고 발버둥치는 아이, 매번 학원에 지각하는 아이, 이런 아이를 보게 되면 눈앞의 나쁜 행동에만 집중하게 되고, 왜 그랬는지에 대한 문제의 본질은 잊고 감정적 대응만 한다. 결과적으로 잔소리와 질책만 있을 뿐, 아무것도 해결되지 않는다.

공감과 경청만으로도 아이의 문제는 상당 부분 실마리가 풀린다는 사실을 기억하자. 문제의 원인이 무엇인지 파악되었으면 아이가 알아야 하는 부분에 대해 간결하게 설명한다. 길게 말하는 순간 또다시 잔소리가 됨을 잊어서는 안 된다.

상황과 나이에 따라 적절한 훈육 전략

육아에 정답이란 있을 수 없다. 참으로 까다롭고 힘든 여정이다. 조금 안심하려는 찰나 예상치 못한 일이 일어난다. 밤새 아이를 간호해야 할 때도 있고 친구 문제, 학교 문제 등 크고 작은 일들이 끊임없이 부모를 긴장시킨다. 그래서 상황과 나이에 따라 적절한 훈육 전략이 필요하다는 것을 알아야 한다.

식당에서 돌아다니는 아이에 대해 연령별로 어떻게 말해야 할까? 아이가 아직 어리다면 잠시 꼭 안고 나와, 왜 함부로 돌아다니면 안 되는지 설명해주는 것이 좋다. 아이가 어릴수록 훈육 분위기를 인지할 수 있도록 간결하게 말해야 한다. 반면, 논리적인 사고가 가능한 초등학생이라면 현재 어떤 상황인지 명확하게 설명하는 방식이 더 낫다. 물론 이때도 아이가 엄마 말을 경청할 수 있을 정도의 간단한 설명이어야 한다.

세상의 모든 부모는 아이가 우물쭈물하지 않고 바로 움직이기를 원한다. 하지만 지극히 부모의 이상일 뿐이다. 아이는 흥미와 호기심에 따라 움직이는 존재이다. 빨리 먹으라고 부모가 재촉하지만 밥 먹는 것보다 유튜브를 보는 것이 더 재미있다. 어른들도 재미있는 영화나 드라마를 볼 때는 밥때를 까먹거나 보던 것을 끊지 못한다. 아이들도 똑같다. 어른에게도 힘든 일인데 하물며 아이가 엄마가 말한다고 즉시 움직인다고 생각해서는 안 된다.

엄마 말을 잘 듣고, 스스로 움직이기를 바란다면, 아이의 특성을 잘 이해하고 대안을 생각하는 것이 좋다. 단계를 둔다는 것은 침착하게 아이를 기다릴 수 있다는 뜻이고, 아이는 점차 엄마 말의 중요성을 깨닫는다는 뜻이다. 짧게 얘기한다고 해서 아이가 못 알아들으면 어쩌나 하는 염려는 할 필요가 없다. 단호한 표정과 말투로 훈육 상황임을 아이가 인지한다면 그걸로 충분하다.

명확하고 간단해야 지킬 수 있는 규칙

규칙도 간단해야 따를 수 있다. 잘 만들어진 규칙은 심각하고 어려운 상황에서도 적절하게 대처하도록 도와준다. 명확한 규칙은 아이 성장에 도움을 주고, 감정에 치우치지 않으며 합리적인 훈육이 되도록 한다.

아이가 실천할 수 있는 규칙은 이런 것들이다. 다른 친구 괴롭히거나 위협하지 않기, 집을 나서거나 들어올 때 인사하기, 다 먹은 밥그릇은 싱크대에 갖다 놓기, 음식은 되도록 남기지 않기, 자기방어일 때를 제외하고 폭력을 사용하지 않기 등이다.

규칙은 나이에 맞게 정하되 지켜야 하는 대상인 아이의 의견을 반영하여 정하는 것이 좋다. 규칙이 길거나 아이 수준에 맞지 않다면 아이는 실천에 어려움을 겪고 자신감을 잃는다. 정한 규칙은 현관, 방문, 냉장고 등 잘 보이는 곳에 붙여두면 더욱 좋다. 안전, 존중, 책임에 중점을 두고 습관이 될 때까지 일관성 있게 지켜나가도록 한다.

"이제 잘 시간이야. 가지고 놀던 장난감은 제자리에 갖다 놓고, 양치질하고 세수하는 거 잊지 말고. 그리고 자기 전에 잠옷으로 갈아입고 책 읽자."

엄마의 말 안에는 정리, 양치질, 세수, 잠옷 갈아입기, 책 읽기까지. 한 번에 다섯 가지의 요구가 있다. 아이는 순간 무엇을 해야 할지 몰라 망설인다. 그런데 엄마의 눈에는 아무것도 안 하는 것처럼 보인다. 이 많은 요구를 기억하는 것은 어른에게도 힘든 일이다. 아이가 기억하고 해낼 수 있을 만큼의 우선순위만 정하자. 말하고 난 후 반응을 살피는 것도 중요하다. 아이가 반응이 없다면 다시 한번 할 일에 대해서 강조해서 말하면 된다.

산만한 아이는 잘 듣지 못할 때가 있다. 몇 번을 말해도 못 들었다고 한다. 그때는 아이에게 다가가야 한다. 아이 눈을 보고 분명하게 말해 주어야 한다. 그리고 강조할 부분은 어조를 달리해서 말해야 한다. 특히 활동성이 많은 아이는 위험에 자연스럽게 노출된다. 해도 되는 것과 하면 안 되는 것에 대한 명확한 경계를 알려줘야 한다. 그래서 잘 지키면 칭찬을, 반대로 어기면 어겼을 때 정한 규칙대로 해야 한다.

훈육이 참 어렵다. 하지만 '짧게'라는 대원칙만 기억해도 좀 낫지 않을까? 이 원칙은 앞뒤 문맥을 조리 있게 해석하는 능력이 부족한 아이에게 꼭 지켜야 하는 대원칙이다. 아이는 말이 길어지면 현재 일어난 문제의 핵심을 이해하지 못한다. 그렇게 되면 훈육의 말은 잔소리가 된다. 그리고 부모 입장에서도 말이 길어지고 있다는 것은 할 말에 대한 정리가 되지 않았거나 감정적으로 대응하고 있다는 뜻이 된다. 바라는 것을 명확히 알리고 간결하게 말해야 한다는 사실을 꼭 기억하자.

간결하게 의사를 전달하는 말

[상황 파악] 무슨 일이 있었니?

[경청 및 공감] 그랬구나. 엄마도 일하기 싫은 날이 있더라.

[대안 제시] 어떻게 하면 좋을까?/ 이렇게 하면 어떨까?/ 어떻게 도와주면 될까?

[규칙 설명] 정해진 시간에 오지 않으면 선생님은 걱정하거나 궁금하실 수밖에 없겠지? 지각은 하지 않도록 하자.

잔소리로 이어지는 말

오늘 중요한 수업이라고 학원에 지각하면 안 된다고 했잖아. 지각해서 결국 못 들었지! 왜 자꾸 말을 안 듣니! 나 좋으라고 지각하지 말라고 한 거야?

간결한 훈육의 말(식당에서 돌아다니는 아이)

[영아] (아이를 안고 나오면서)식당에서 뛰면 안 돼. 위험해.

[유아] 뜨거운 음식을 나르고 있어서 부딪히면 다친단다. 자리에 가서 앉자.

[초등학생] 옆 테이블 그릇을 네가 치고 가서 음식이 쏟아질 뻔했어. 식 사하시던 분이 놀라고 불편해하셔서 엄마가 사과드렸어. 앉아서 밥 먹자.

잔소리로 이어지는 훈육의 말

밥 먹어야 된다고! 몇 번을 말해? 안 끄면 이따 산책하러 안 갈 거야.

16

자존감을 높이는 말은 "너"가 아니라 "나"이다

부탁의 목적은 솔직함과 공감에 기반을 둔 연결이다.

- 마셜 로젠버그

자존감을 높이는 I-message Vs.
자존감을 낮게 만드는 You-message

소통은 아이를 배려하는 마음에서 시작된다. 어른의 방식으로 대화를 주도하고 일방적으로 상황을 정리하는 것은 좋은 대화법이 아니다. 그런데 아이메시지(I-message)를 사용하면 엄마와 아이는 감정을 지키며 서로의 요구 사항을 전달할 수 있다. 아이메시지는 자신의 관점과 경험에 초점을 두고 표현하는 방식이다. 특히 누군가와 갈등이 생겼을 때 쓸 수 있는 탁월한 소통법이다. 아이메시지는 상대방을 배려하며 내가 중심이 되어 말하는 방법이다. 상대방에게 내 생각과 감정을 솔직하게 표현하며 설득하는 대화법이다. 엄마가 자신의 감정을 솔직히 표현하는 것은 아이가 다른 사람의 감정을 헤아릴 수 있도록 도움을 준다.

아이메시지의 반대가 유메시지(You-message)이다. 둘은 주어가 다르다. "엄마는 네가 먼저 정리하고 다른 놀이를 했으면 좋겠어"라고 말하는 것이 아이메시지이고, "너는 왜 자꾸 미루는 거니?"라고 말하는 것은 유메시지이다. 아이메시지는 '나의 관점에서' 시작하는 말이고, 유메시지는 '너 때문에'라는 복선을 깔고 시작하는 말이다. 그래서 아이메시지는 엄마가 느끼는 생각과 감정으로 아이의 눈높이에서 표현하며 협력하는 상황을 만들지만, 유메시지는 아이를 질책하여 상처를 주거나 일방적이고 공격적인 분위기를 만든다.

	I-message	You-message
특징	내가 중심임 나의 감정과 생각을 표현함 요구사항을 전달함	아이가 중심임 아이의 생각과 태도를 평가하고 판단함
효과	침착한 대화가 가능함 개방적인 대화가 이루어짐 협력적인 분위기를 조성함	아이에게 상처를 줌 문제가 아니라 아이 자체를 비난하는 결과를 가져옴 강요와 공격적인 느낌을 줌

예를 하나만 더 들어보자. "엄마는 네가 이 정도는 스스로 할 수 있다고 생각해. 아침에 챙겨야 할 게 많은데 네가 누워 있으니까, 엄마 일이 많아져서 자꾸 늦게 준비하게 돼." 이렇게 말하는 것은 아이메시지이다. "너는 언제까지 일일이 설명해야 해?"는 유메시지이다. 전하고 싶은 메시지는 '정리했으면 좋겠다'라는 것인데 정작 핵심은 전달하지도 못한 채 아이를 탓하다가 상황이 종료된다. 질책을 받은 아이는 자신감이 떨어진다. 비난과 책임 추궁을 받는다는 생각에 방어적 반응을 보일 수밖에 없다. '엄마 생각에는'(아이메시지)이라고 말하는 것이 '너 때문에'(유메시지)라고 말하는 것보다 더 낫다.

문제의 원인이 너라는 비난에 위축되면 아이는 엄마 앞에서는 잘 듣는 자세를 취하고 있으나 결과적으로는 심리적 방어벽을 세우고 아무것도 듣지 않으려 한다. 결국 잘못된 행동의 수정이 이루어지기가 힘들다.

"아저씨는 그것도 몰라요?" "지민아, 엄마는 지민이가 어른들에게 그렇게 말할 때마다 걱정돼. 지나가는 어른이 그런 말을 들으면 기분이 언짢을 수 있어. 어른들에게는 말을 조심히 했으면 좋겠어. 모든 어른들이 참거나 그냥 지나치는 건 아니란다."

아이와 마주 앉아서 해야 하는 말은 엄마가 원하는 것을 명확하게 전하는 일이라는 것을 잊지 말아야 한다. 세상 모든 사람들은 본능적으로 자신을 보호한다. 아이도 마찬가지이다. 마음이 불편해지면 방어하기에 바빠 엄마가 무슨 말을 하는지 제대로 듣지 못한다.

I-Message 소통 3단계

육아가 극도로 피곤하게 느껴질 때가 있다. 엄마의 에너지도 한계가 있기 때문에 아이가 떼를 쓰거나 감정 표출을 크게 반복해서 하면 당연히 지칠 수밖에 없다. 아이를 진정시키려고 어쩔 수 없이 화를 내도 효과가 전혀 없다. 그렇다고 그냥 대수

롭지 않게 넘기면 그 행동은 점점 더 강화될 뿐이다. 훈육이 필요한 시점이다. 아이메시지를 활용한 훈육 절차를 살펴보자.

아이메시지 소통 3단계

[1단계] 아이의 행동을 본대로 표현하며 아이 입장 이해하기

[2단계] 엄마가 느껴지는 솔직한 감정과 걱정되는 부분을 구체적으로 표현하기

[3단계] 요구사항 및 재발방지를 위한 협의

아이메시지를 효과적으로 사용하기 위해서는 다음의 3단계를 기억하는 것이 중요하다.

1단계는 아이를 이해하고 있다는 사실을 표현하기 위해 감정을 배제한 채 있는 그대로 말하는 것이다. 중요한 것은 아이의 행동을 묘사하는 것이다. 아이는 자신을 이해하려는 엄마의 모습을 통해 마음의 빗장을 풀고 생각할 수 있는 상태가 된다. 2단계는 어떤 부분에서 무슨 감정을 느꼈는지 말하는 것이다. 감정을 말할 때는 아이를 비난하거나 탓을 하는 느낌이 들지 않도록 해야 한다. 염려되는 부분에 대해서만 구체적으로 표현해서 핵심을 알도록 해야 한다. 3단계는 바라는 사항이 무엇인지 요구사항을 명확히 말하는 것이다. 그리고 앞으로 어떻게 하면 문제를 예방할 수 있는지도 함께 의논한다.

예를 들어보면 다음과 같다. "**[1단계]**엄마는 네가 가장 아끼는 장난감을 친구가 가져가서 속상한 거 이해해." "**[2단계]**그렇지만 친구를 꼬집어서 친구가 아파서 우는 모습을 보니 속상하고 걱정이 되더구나. 아무리 화가 나도 친구를 아프게 해서는 안 되는 거야." "**[3단계]**친구가 네 소중한 장난감을 자꾸 가져가려고 할 땐 엄마에게 도와달라고 말하면 어떨까? 아니면 친구가 오는 날엔 그 장난감은 다른 곳에 보관하고 꺼내지 않는 방법도 있어."

기억해야 할 것은 아이가 자신이 한 행동에 스스로 책임지도록 요구하는 것이다. 다만 강요해서는 안 된다. 자신이 한 행동에 대한 책임을 외면하면 특권도 상실된다는 것을 알려주되 사랑과 존중이 함께한다는 것도 잘 설명해야(느끼도록) 한다.

'덕분에'라는 말로 빛나는 엄마의 말

사람은 불공평하거나 억울한 대우를 받으면 원망하게 된다. 다른 사람에 대한 기대가 무너져 실망이 생기면 그 또한 원망이 된다. 과거의 상처나 불행했던 경험이 삶의 질을 낮게 만들어 원망의 감정을 유발한다. 이렇게 만들어진 원망은 삶의 태도로 굳어져 항상 무슨 일이 발생하면 누군가를 탓하게 된다.

아이가 느닷없이 '엄마 때문이야'라는 말을 하면 당황스럽다. 물론 아직 어리니까 충분히 나올 수 있는 말이다. 그러나 부모의 뒷모습을 보고 자란다는 말처럼, 아이는 성장해 가면서 부모의 말과 행동을 닮는다. 다른 사람을 탓하는 습관은 불행한 삶을 살도록 한다.

원망의 삶을 살면 피해의식에서 벗어나기 어렵다. 타인과도 마음을 나누는 관계로 발전하기도 어렵다. 원망은 문제의 본질을 제대로 보지 못하게 하고, 스스로를 고립시킨다. 아이에게 아이메시지를 많이 사용해야 하는 이유는 이러한 삶의 태도를 가르치지 않기 위함이다.

"너 때문에"가 아니라 "덕분에"라는 말은 아이의 어깨를 으쓱하게 하는 마법 같은 말이다. 존중과 함께 고마운 마음을 담은 말이다. "덕분에"라는 표현을 자주 하면 다른 사람을 존중하는 힘이 생긴다. 세상을 긍정적으로 보며 소통할 수 있다.

아이는 자신의 기분이 미묘하게 나빠지거나 속상해지는 지점을 정확히 알지 못하고 지나칠 때가 많다. 그래서 무례하게 행동하거나 부정적인 감정을 자주 표출한다. 그럴 때 아이메시지를 이용해 엄마의 감정 상태를 알려주고, 그것이 왜 문제가 되는지, 그리고 무슨 이유에서 그런 것인지 대화해야 한다. 그래야 아이는 스스로 자신의 행동을 돌아보고 고칠 수 있는 기회를 얻으며, 결과까지 예측하는 삶의 지혜를 배우게 된다.

자존감을 높여주는 I-message

하온이 덕분에 엄마가 웃게 되네.

소미 덕분에 엄마 화장대가 깨끗해졌어. 고마워.

친구 덕분에 비를 맞지 않고 왔구나.

준비물을 깜빡했는데 선생님 덕분에 다행히 해결했구나.

아빠 덕분에 맛있는 음식을 먹었네.

자존감을 낮추는 You-message

네가 말을 안 하니까 몰랐잖아.

너 때문에 잠을 못자겠어.

너는 왜 이렇게 못됐니!

넌 항상 이래.

너 때문에 되는 일이 없어.

2장 – 실천편(1)

영유아를 위한
엄마의 말습관

17

기억해야 할
영유아 특징 세 가지

사랑하는 사람을 고치려고 하면
상대방의 행복을 파괴해 버리고 만다.
– 샤르도네

"자율성"이 활짝 꽃 피는 시기

자연주의를 강조한 루소는 '부모의 역할은 아이를 가르치는 것이 아니라 (사회에 나갈)준비를 하게 하는 것'이라고 했다. 그러면서 진정한 교육은 자연에서 스스로 경험하며 배우는 것임을 강조했다. 여기서 자연은 산과 들, 강과 바다라기보다는 주변 사람으로 보는 것이 좀 더 현실적이다. 즉, 아이는 주변 사람들을 따라 하며 능동적으로 성장해 나간다. 인지발달 이론의 선구자 장 피아제(Jean Piaget) 역시 영유아는 경험을 통해 지식을 구성해 나간다고 했다. 이들이 강조하는 공통점은 아이 스스로 선택하고 결정하는 자율성과 주도성이다.

아이들은 무엇이든 스펀지처럼 흡수한다. 스스로 결정하는 것을 좋아하고 주도적으로 놀고 싶어한다. 풍부한 상상력으로 새로운 생각을 하고 자유롭게 표현하고 신체를 마음껏 움직이고 싶어한다. 아이는 모든 감각을 동원해 세상을 탐색하며 정보를 습득한다. 일상에서 다양한 사물과 연계해 자연스럽게 학습한다. 보고, 만지고, 듣고, 맛을 보고, 냄새를 맡으며 온 감각을 이용해 배운다. 이렇게 학습한 지식과 기술은 논리적 사고의 기틀을 마련한다.

인지란 언어, 기억 및 지각을 포함한 정보 습득과 더불어 문제를 이해하고 해결하는 과정이다. 인지는 전 생애에 걸쳐 발달하지만 특히 어린 시절 아주 빠른 속도로 진행된다. 아이들은 흥미와 관심에 따라 선택의 과정을 거쳐 사고의 확장이 일어나고 인지가 발달한다. 부모가 해야 할 일은 아이가 새로운 정보와 지식을 구조화하고 습득하도록 흥미를 제한하지 않고 그대로 같이 따라가 주는 것이다.

"일관성"은 안전한 내면을 만드는 윤활유

일관성은 육아의 가장 중요한 핵심 원칙이다. 부모와 아이가 같은 라인에서 건강한 성장이라는 목표로 일정한 메시지와 행동을 주고받는 것이다. 엄마의 일관성은 아이에게 예측 가능한 기대치를 설정해 준다. 예측할 수 있어야 자신만의 안전한 성을 쌓을 수 있다. 일관성이 없다면 아이는 혼란스러울 뿐이다.

영유아 시기는 세상을 살아갈 기술을 가르쳐야 하는 때다. 그래서 훈육이 가장 필요한 시기다. 일관성은 훈육의 핵심축이다. 일관성은 적절한 행동이 무엇인지 기준 역할을 한다. 고집과 떼 부리기는 아이에게 일상이다. 그런데 '이번 한 번만'이라는 조건을 달고 허용한다면, 일관성에 금이 가기 시작한다. 왜냐면, 절대 한 번으로 끝나지 않기 때문이다.

한 번의 허용으로 엄마의 진땀 빼는 상황은 순간적으로는 막이 내려졌지만 이것은 마치 유혹과 같다. 눈치가 빠른 아이는 원하는 것을 손에 넣기 위해 다음에 어떻게 해야 하는지를 잘 안다. 더 심한 고집과 떼를 써서 부모를 꼼짝 못하게 만든다. 아이가 종잡을 수 없다고 탓하기 전에, 부모인 내가 먼저 아이를 혼란스럽게 하는 것은 아닌지 점검해 봐야 한다.

육아는 충분한 애정을 주는 것이 기본 전제이다. 일관성도 애정을 기반으로 해야 한다. 무엇보다 위험하거나 다른 사람에게 피해를 주는 일에 대해서는 단호하게 제지해야 한다. '이번 한 번만'은 문제 행동만 키울 뿐이다. 원칙을 정해 해도 되는 일과 해서는 안 되는 일을 명확히 하는 것이 중요하다. 이는 아이의 자기조절 능력의 기초가 된다.

내 아이의 때를 알고 찰떡같이 지원하는 엄마

아이들에게는 결정적인 시기가 있다. 즉, 내 아이의 성장과 발달이 이루어지는 최적의 때이다. 이때는 습득이 빨라 필요한 기술을 능동적으로 익힌다. 그래서 학습 효과가 최대치로 나타난다. 이때를 기다리며 자연스럽고 편안한 발달이 이루어질 수 있도록 아이의 속도를 무시하거나 너무 서두르지 말아야 한다.

4세가 되면 새로운 단어와 표현을 익히는 속도가 가속화된다. 문장을 과거형으로도 말하고, 능숙하게 연결하기도 한다. 언어 능력이 발달하면 호기심 가득한 질문을 하기도 한다. 이때 엄마는 언어 발달을 촉진하는 매우 중요한 존재다. 적절한 상호 작용과 함께 질문 후를 기다려주는 것이 중요하다. 주도적인 학습 태도를 만드는 방법이다.

영아는 신체에 해당하는 운동감각이 크게 발달하고, 유아는 인지와 언어발달이 급속하게 이루어진다. 특히 전두엽 발달이 집중적으로 이루어진다. 전두엽은 인지, 정서, 사회성 발달과 더불어 함께 높은 수준의 사고를 담당한다. 영유아 때의 편안한 놀이는 전두엽을 활성화시킨다.

아이의 집중 시간은 대체로 짧다. 하나의 활동에 집중할 수 있는 시간이 3세는 약 3~5분, 만 4~5세는 10~15분, 만 6세 이상은 15~30분 정도이다. 이를 이해하지 못하고 재촉하게 되면, 아이가 부모에게 맞추는 꼴이 되면서 지친다. 결국 스트레스가 되고 문제 행동의 원인이 된다. 엄마도 마음과 달리 따라주지 않는 아이를 보면 지칠 수밖에 없다. 내 아이의 발달이 지금 어느 지점에 와 있는지 잘 관찰하고 발달에 앞서서 학습을 강조하기보다 내 아이의 때, 즉 민감기를 기다리는 것이 중요하다.

영유아 시기는 발달이 가장 역동적인 시기이다. 하루가 다르게 성장하며, 무엇이든 하고자 하는 욕구가 굉장하다. 이 시기에 아이가 갖고 있는 잠재력에 집중해야 한다. 안전하고 일관적인 환경을 제공하고 역량의 꽃이 만개하도록 인내심을 갖고 지켜봐야 한다. 아이 옆의 나(부모)는 그 누구도 대신할 수 없는 훌륭한 헬퍼이며 롤모델이라는 것을 잊지 말자.

놀이에 흥미를 느끼게 하는 말

풍선에는 무엇이 들어있을까?

어떻게 하면 공룡 소리가 날까?

만지면 어떤 느낌이 들까?

어떤 것이 필요해?

두 개를 잘 섞었네. 어떤 냄새가 날 것 같아?

놀이에 흥미를 잃게 하는 말

옷 지저분해지니까 이건 갖고 놀지 마.

색연필은 이따가 할 거야. 지금은 색종이 먼저 접자.

노랑과 파랑은 이미 색칠했잖아. 다른 색으로 해.

가만히 앉아서 해.

순서가 틀렸잖아. 엄마가 어떻게 하는지 보고 시작해.

일관성을 지키는 말

식당에서 뛰는 건 위험해. 힘들어도 앉아 있어.

오늘은 장난감 사러 마트에 온 게 울더라도 사줄 수가 없어. 어린이날

　을 기다리자.

친구를 때리면 집에 가기로 약속했지? 아쉽지만 오늘은 그만 놀자.

친구들은 놀이하는데 너 혼자 만화를 보겠다고 떼쓰면 친구들에게

　방해돼. 엄마가 놀아줄까? 뭐 하고 놀까?

선생님이 친구들과 싸우니까 가져오지 말라고 하셨지? 아쉽지만 집

　에 와서 갖고 놀아.

일관성을 지키지 않는 말

이번 한 번만 봐주는 거야.

사람들 많은데 떼쓰면 어떡해! 오늘만 사줄 거야. 다음부턴 절대 안 돼.

늦었어. 오늘만 빨강 신호등이지만 차가 없으니 건너자.

오늘만 보여줄 거야. 원래 안되는 거 알지?

선생님께서 다른 친구들과 자꾸 다툰다고 가져오지 말라고 하셨잖

　아. 그런데도 갖고 갈 거야? 그럼 딱 한 번이야.

18

애착 형성에 중요한
엄마의 말

우리는 애착 대상이 제공하는 안전기저로부터 출발하여
요람에서 무덤까지 일련의 소풍으로 이루어진 삶을 살 때
가장 행복하다고 느낀다.
– 보울비

안정애착의 골든타임, 생후 1~2년

사람은 엄마라는 존재를 가장 먼저 만난다. 이미 뱃속에서 태아시절부터 탯줄로 연결되어 신비로운 교감을 나눈다. 한마디로 시크릿한 관계이다. 아기는 뱃속에서부터 엄마의 목소리와 스킨십으로 애착을 형성한다. 배 속의 아기는 청각이 제일 먼저 발달한다. 청각은 임신 18주경에 발달하는데 아이가 태어날 때쯤이면 청각 시스템은 이미 기능을 다 갖춘 상태가 된다. 그래서 아기는 엄마의 목소리에서 심리적 안정감을 느낀다.

부모의 이혼으로 엄마, 아빠의 사랑을 모르고 자라는 손녀가 안쓰럽다며 조부모께서는 내게 극진한 사랑을 주셨다. 그러나 그렇게 깊고 애잔한 사랑을 받고도 마음 한구석은 늘 채워지지 않았다. 지금도 나는 '엄마'라는 두 글자를 만날 때면 순간적으로 얼어붙을 때가 있다. 엄마라는 존재를 한 번도 경험하지 못했기 때문이다. 인생에서 애착이 가장 중요한 순간에 엄마는 내 곁에 없었다. 존재하지 않았다.

나는 입양이라는 절차를 통해 지금의 아이들을 만났다. 우리 아이들은 애착이 형성되는 신생아 시기, 뱃속에서 듣던 엄마의 목소리를 더 이상 들을 수 없었고 태어나서는 엄마 대신 위탁모에게 돌봄을 받았다. 그리고 다시 위탁모에서 엄마인 나를 만났다. 그때의 아이들은 심리적으로 얼마나 불안했을까. 뒤늦게 우리 아이들의 빈 공간(애착)을 내가 채울 수 있을까? 그러나 무슨 일이 있어도 의지할 수 있는 엄마가 있다는 사실을 알려주기 위해 오늘도 노력 중이다.

이 책을 읽고 있는 독자들은 주 양육자로서 뱃속에서부터 아이와 특별한 교감을 나눈 사이일 것이다. 아이를 낳고 지금까지 함께 하고 있는 시간이 얼마나 훌륭한 환경을 선물해 준 것인지 기억했으면 좋겠다. 애착의 기본 조건은 충족되었으니 충분한 스킨십과 애정 어린 말만 아낌없이 해주면 된다.

훌륭한 내적 디딤목, 안정애착

미국의 발달심리학자 메리 에인스워스(Mary Ainsworth)는 아이가 탐색을 위한 안전 기지로 어머니를 활용한다고 했다. 에인스워스는 보울비의 애착이론에 기초해 이별과 재결합에 초점을 둔 '낯선 상황'에 대한 실험을 했다. '낯선 상황' 실험은 3분으로 된 여덟 개의 에피소드로 엄마와 낯선 사람과의 이별과 재회 등 다양한 시나리오로 진행된다.

에인스워스는 놀이를 하다가 엄마가 잠시 사라지고, 낯선 사람이 들어오는 상황에서 아이의 반응을 보고 애착의 질을 분류했다. 이러한 연구를 통해 '안정애착'과 '불안정애착'으로 애착 유형을 구분했다.

'안정애착' 유형을 갖고 있는 아이는 낯선 상황에서 엄마를 의지하면서 주위를 탐색한다. 엄마랑도 쉽게 떨어지는 편이고 엄마가 다시 돌아왔을 때는 반갑게 맞이한다. 엄마가 나갔을 때 우는 아이도 있으나 이는 낯선 사람보다 엄마를 더 좋아하는 마음 때문이다. 그래서 엄마가 돌아오면 금세 눈물을 그치고 안긴다. '불안정-회피애착'을 보인 아이는 낯선 상황에서도 별다른 반응이 없다. 놀이에도 별 흥미를 보이지 않고 엄마가 돌아와도 무시하거나 회피한다. '불안정-저항애착' 유형을 가진 아이는 엄마가 있어도 불안해한다. 탐색하지 않으며 계속해서 낯선 사람을 경계한다. 엄마가 없으면 고통을 느끼면서도 엄마가 안아주면 밀치며 분노를 표현하기도 한다. 이렇게 세 유형 중 어떤 아이가 가장 심리적으로 안정적일까. 당연히 안정애착 유형이다.

엄마가 아이의 요구를 민감하게 알아차리고 긍정적으로 반응해주고 일관성 있게 도움을 준다면 안정애착이 형성된다. 안정애착은 평생동안 훌륭한 디딤목 역할을 한다. 반면 부모가 감정을 조절을 못하고 화를 잘 내고 아이에게 부정적인 반응을 계속 한다면 아이는 불안한 정서를 갖게 되고 사회 속으로 한 걸음도 내딛지 못하게 된다.

늦지 않았다! 지금, 안정애착 씨앗 뿌리기

제때 애착이 형성되었다면 아이 인생에 질 높은 씨앗이 뿌려진 것과 같다. 그러나 산후 우울증으로 육아의 버거움으로 안정애착의 골든타임을 놓쳤다면 어떻게 해야 할까? 지금이라도 늦지 않았다. 아이가 원하면 언제든지 달려갈 준비를 하면 된다. 세상살이를 하다가 고단하여 뒤돌아봤을 때 엄마가 변함없이 응원하고 있다는 것을 알면, 애착 관계는 얼마든지 회복된다. 지금부터 노력하면 충분히 회복할 수 있다.

새롭게 애착 형성을 하는 과정에서 무슨 말을 해야 할지 모르겠다면 그냥 있는 그대로의 감정을 읽어주면 된다. 힘들어 보이면 "힘들구나" 화가 났으면 "화가 많이 났구나" 슬퍼 보이면 "슬픈 일이 있구나"라고만 하면 된다. 꼭 하지 말아야 할 것은 원인에 대해 분석이다. 감정을 읽어준 후 딱히 할 말이 없으면 가벼운 대화를 나누거나, 가만히 곁에 있어주는 것만으로도 충분하다.

대화 순서로 옮겨보면 다음과 같다. "**[감정 읽기]** 답답한 일이 있구나." "**[분석하지 않기]** 화가 많이 난 것 같은데 말해 줄 수 있어? 말하고 싶지 않으면 안 해도 돼. 엄마도 화나면 말하고 싶지 않을 때가 있더라." "**[가벼운 대화]** 물 줄까? 간식 먹고 싶은 거 있어?" "**[동의와 공감]** 엄마는 늘 네 편이야. 꼭 기억해."

아이에게 안정된 애착을 물려주는 것이 부모의 가장 큰 선물 아닐까! 어린 시절에 형성된 애착 관계는 살아가는 내내 영향을 미치고 대물림 된다. 어떤 부모도 불안정한 애착을 물려주고 싶진 않다. 내 아이가 편안하게 세상살이를 하고자 한다면 엄마라는 존재 자체가 편안함을 주는 신기루여야 한다. 민감하게 보살피고 애정 넘치게 표현해야 한다.

아이가 원할 때 엄마는 언제나 준비되어 있고, 늘 아이 편이라는 신뢰를 주는 것이 핵심이다. 아이에게 무심하거나 부정적인 피드백만 하게 되면 저항과 문제 행동만 만들 뿐이다. 애착은 아이를 불안으로부터 지켜주기 위해 생긴 개념이다. 아이가 도움을 요청할 때 즉각적으로 반응해야 한다. 아이 주변을 예민하게 감지하고, 도움이 필요한 부분이 무엇인지 파악하고 아이와 함께해야 한다.

안정애착을 만드는 말

사랑해, 꿈에서 만나.

어떤 놀이를 해볼까?

미안해. 엄마가 늦게 해줘서 화가 많이 났구나.

우와, 잘한다!

엄마는 너를 항상 응원해.

불안정애착을 만드는 말

또, 또 시작이야!

딸이었야 했는데.

힘들어. 붙지 마, 떨어져.

그만 좀 울어.

왜 너만 그러는데! 다른 애들은 가만히 앉아 있잖아.

19

까다로운 기질의 아이를 다루는 엄마의 말

다른 사람을 존중하지 않고
자신의 마음이 먼저인 것은 끔찍한 일이다.
- 도리스 레싱

육아의 방향키는 아이의 기질을 이해하는 것

기질은 의학의 아버지라 불리는 히포크라테스에 의해 출발했다. 그는 비슷한 질병의 환자에게 같은 약을 처방했는데 효과가 다르게 나타나는 것을 눈여겨보았다. 사람마다 타고난 고유의 특성이 있다는 것을 발견하고 이를 네 가지(우울질, 다혈질, 점액질, 담즙질) 특징으로 구분했다. 히포크라테스 이후로도 많은 학자 또는 전문가들이 기질을 연구했다.

기질에 관한 연구의 시초인 토마스와 체스는 뉴욕 종단 연구를 통해 기질을 구성하는 아홉 가지 요인을 정리했다. 규칙성, 활동성, 적응성, 초기반응, 반응강도, 기분, 주의산만성, 끈기및 주의 지속 시간이다. 이 중 움직이는 양과 에너지의 방향성을 의미하는 활동성은 아이의 기질을 판단하는 중요한 단서가된다. 에너지를 외부로 사용해야 충전이 되는 외향형, 반대로혼자 있을 때 회복이 잘되는 내향형의 기질이 있다.

학부모 공개 수업이 진행되는 날이면, 아이의 적극성을 기대하는 부모들이 많다. 내 아이가 어떤 태도로 어떻게 발표하는지 부모라면 누구나 관심을 가지지 않을 수 없다. 우리 부부는내향적인 편인데, 엄마 아빠를 닮아서인지 우리 아이들은 발표시간에 적극적인 모습을 보인 적이 단 한 번도 없다. 그런데 막내의 공개 수업에서 선생님 질문에 아이가 손을 번쩍 드는 것이 아닌가. 진한 감동의 순간이었다. 그러나 그날 밤, 공개 수업이 끝나고 같은 반 학부모 단톡방이 시끌벅적했다. 진짜 발표하고 싶은 아이는 손을 들 때 손바닥을 펴고, 발표하고 싶지 않은 아이는 주먹을 쥐는 것으로 미리 맞췄다는 것이다.

내 아이가 맨 앞 중앙에 서 있기를 바라고 자신감 있는 목소리로 발표하기를 바라는 마음은 모든 부모가 갖는 마음이다. 그러나 부모 바람과 달리 모든 아이가 그럴 수 없고 그렇게 하고 싶지도 않다. 특히 내향적인 기질을 갖고 있는 아이들은 발표가 오히려 자신을 위축시킨다. 아이 입장에서는 몸에 맞지 않는 옷을 입은 것처럼 일분일초가 불편하다.

기질은 이성적 판단과 부단한 노력으로 만들어지지 않는다. 엄마가 아이의 기질을 이해한다는 것은 아이의 욕구를 파악하고 세상을 향해 최대한 불편하지 않게 발을 내딛도록 도와주는 것이나 다름없다.

기질을 바꿀 순 없다

오 남매를 키우면서 다양한 기질을 만났다. 그런데 유난히 아픈 손가락이 있다. 아기 때부터 매우 예민했던 넷째는 영아 산통(신생아나 생후 2~3개월 된 아기가 신체에 어떤 병이 없는

데도 발작적으로 심하게 계속 우는 증상을 말한다. 흔히 '배앓이'라고도 한다.)부터 시작해서 잠자고 먹고 싸는 것까지 어느하나 수월한 게 없었다. 생후 6~7개월부터는 눈도 뜨지 않은채, 냄새로만 엄마 아빠를 구분하고 아빠에게만 밤중 수유를허락했다. 엄마가 수유할라치면 거칠게 거부하며 우는 아이였다.

유난히 까칠하고 예민한 아이를 둔 부모는 아이 때문에 울며불며 지낸 날이 하루 이틀이 아니다. 만사에 불편함과 짜증을 호소하는 아이, 친구와 잘 어울리지 못하는 아이, 그런 아이의 외로움이 고스란히 느껴져 마음이 아팠던 적도 있다. 우리집 넷째도 아기 때 채소가 들어간 이유식을 강하게 거부하더니지금도 초등학교 급식에서 볶음밥이 나오는 날이면 어김없이밥을 굶고 온다. 계절에 맞춰 긴소매 옷에서 반소매 옷으로 갈아입는 것조차도 무척 힘들어한다.

이렇게 까다로운 아이에게는 작은 변화라도 예측할 수 있도록 상황을 설명하고 마음의 준비를 하도록 돕는 것이 중요하다. 까다롭고 예민하다는 것은 남들은 괜찮은데 혼자서만 불편하다는 뜻이다. 몸의 감각은 물론이고 마음도 예민하다. 이런아이들은 잘 울며 작은 좌절에도 매우 강하게 반응한다. 뭐 하나 쉽게 넘어가는 법이 없다. 에너지 소비가 다른 아이들에 비해 몇 배 더 크다. 이럴 때는 가능한 주변으로부터 도움을 받아야 한다. 엄마 혼자서 모든 걸 감당하려고 해서는 안 된다. 특히 신체, 언어, 인지발달에서 문제가 보이면 전문적인 도움(상담)을 받아야 한다.

기질은 바꿀 수 없다. 내 아이의 기질에 대해 공부하고 맞는 육아법을 찾아 심리적으로 안정된 환경을 제공해주는 것을 우선으로 생각하는 수밖에 없다.

기질에 따라 달라지는 양육법

알렉산더 토마스(Alexander Thomas)와 스텔라 체스(Stella Chess)는 뉴욕 종단연구(NYLS)를 통해 141명의 영아를 관찰하며 기질을 연구했다. 연구 결과, 순한 기질은 40%, 까다로운 기질은 10%, 느린 기질은 15%였다. 나머지 35%의 영아는 어디에도 속하지 않았다.

여기에서 우리가 꼭 알아야 할 것은 기질에 좋고 나쁘고는 절대 없다는 것이다. 다만 엄마와 아이의 기질이 극과 극이면, 서로에게 스트레스가 될 뿐이다. 느긋한 엄마가 매사 서두르는 아이를 만나면 정신을 차릴 수가 없다. 기질이 다르다는 것을 빨리 알아차리고 이를 인정할 수 있어야 아이도 부모도 스트레스를 덜 받는다.

순한 기질의 아이는 수면과 식습관, 배변 등이 일반적으로 규칙적이다. 또한 사람에게 호기심을 잘 느낀다. 새로운 변화와 경험에 온순하고 능동적이다. 그러나 자신이 원하는 것을 강하게 어필하지 않아 부모가 아이의 요구를 모르고 넘어갈 수 있다. 아이에게 먼저 다가가 아이의 사소한 관심에도 크게 공감해주고 자신의 의견이나 욕구를 충분히 표현할 수 있게 기회를 주고 기다리는 것이 필요하다.

느린 기질의 아이는 수동적이고 소극적이다. 새로운 상황을 선호하지 않고 변화에 대한 적응도 늦다. 무슨 일이든 상당한 시간과 노력을 요구한다. 다만, 다시 기회가 생긴다면 흥미와 관심을 보인다. 낯선 것을 꺼린다는 점에서는 까다로운 기질과 비슷하지만, 약하게 반응한다는 점에서는 다르다. 느린 기질의 아이를 두고, 답답하다고 다그치는 부모가 있다. 이런 반응은 아이를 더욱 위축되게 만들고 스트레스를 준다. 시간을 두고 천천히 적응하도록 기다려줘야 한다. 아이가 쉽게 할 수 있는 일부터 제안하고 격려해야 한다.

까다로운 기질의 아이는 자극에 매우 민감하고, 좌절에 대한 반응도 강하다. 불안하거나 위축되고 공격적인 성향으로 학교생활이나 또래 관계에서 문제 행동을 보이기도 한다. 하지만 아이의 예민함을 섬세함으로 바꿀 수 있게 격려하는 것이 중요하다.

엄마가 태내에서 스트레스와 불안을 느끼면 아이도 같은 정서를 느낀다. 본능적으로 방어 태세를 갖추며 예리한 감각이 장착된다. 이처럼 사람의 성격은 타고난 기질에 환경이 더해져 형성된다. 기질을 안다는 것은 아이가 소유한 에너지와 가장 잘 어울리는 색깔을 찾는 것이다. 기질에 맞춰서 아이를 키운다는 것은 결코 간단한 일이 아니다. 하지만 가정과 영유아 기관이 협력하고, 부모와 교사가 함께 연계한다면 아이 기질에 맞춘 교육을 조금이라도 더 할 수 있다. 엄마들이여 조금만 힘내자!

까다로운 기질의 아이를 편안하게 만드는 말

[예측]어린이 집은 재미있게 놀이하는 곳이야. 두 밤 자고 가보자.

[안정]엄마가 뒤에 있을게. 걱정하지 않아도 돼.

[예측]내일 할머니 댁에 갈 거야. 차 막힐 수 있으니 일찍 깨울게.

[예측]오늘 어린이집에서 점토 놀이를 할거래. 뭐 만들 거야?

[안정]안 만져도 돼. 어떻게 하는지 엄마랑 같이 지켜보자.

까다로운 기질의 아이를 더욱 불안하게 만드는 말

다른 애들은 안 그러는데 왜 너만 유독 짜증이야.

언제까지 엄마가 해 줘야 해. 혼자 해.

빨리 서둘러. 늦게 준비하면 너 혼자 집에 있어야 해.

유난 좀 떨지 말고 불편해도 좀 참아.

엄마 곁에서 좀 떨어져.

짜증만 내지 말고 말을 해.

뭐가 문제인데.

너는 왜 말을 항상 밉게 해?

골라준 대로 입어.

순한 기질의 아이가 자신을 표현하게끔 유도하는 말

잘했어. 어려운 건 없었어?

하온이가 높게 만든 게 무엇일까 궁금해.

여기 크레파스, 물감, 사인펜, 네임펜이 있으니 필요한 거 있으면 가

　　져다 사용해도 되고, 엄마에게 말해도 돼.

기다리기 힘들면 엄마 불러.

표정을 보니 마음에 내키지 않는 것 같은데, 어때?

순한 기질 아이가 더욱 위축되는 말

너는 왜 친구가 때리는데 말도 못하고 가만히 있어?

생각만하지 말고 말로 하라고.

답답해.

너도 친구들이랑 가서 놀아.

손 들고 발표를 해야지. 자신감을 가져.

느린 기질의 아이에게 자신감을 주는 말

괜찮아. 시간이 오래 걸린 만큼 정말 꼼꼼하게 잘했구나.

엄마가 필요했구나. 어떤 걸 같이 해 볼까?

손에 힘이 꾹꾹 들어가는 거 보니까 잘 그리고 싶구나.

수레를 가져와 줘서 고마워. 엄마가 짐이 많았는데 도움이 되었어.

오늘은 수영 레슨 50분 중 20분만 해보자. 엄마가 뒤에서 계속 지켜
   보고 있을게.

느린 기질의 아이를 주눅들게 만드는 말

빨리 빨리해.

하나 완성하는데 왜 이렇게 오래 걸려?

대답만 하지 말고 일어나서 하라고.

딴 짓하지 말고 집중해.

생각 좀 하고 행동해.

20

표정과 함께
맞장구치는
엄마의 말

내가 성공을 했다면
오직 천사 같은 어머니의 지지와 격려 덕분이다.
- 링컨

아이를 행복하게 하는 다양하고 풍부한 표정

미국의 심리학자 레이 버드휘스텔(Ray Birdwhistell)은 우리가 소통할 때 65% 이상은 비언어적인 부분이며, 나머지 35%만이 언어적으로 소통이라고 했다. 비언어적 반응은 언어적 반응보다 감정과 느낌을 섬세하게 전달한다. 말로 표현하기는 어려운 감정이나 내면의 상태를 표현하기도 한다. 그래서 반응(혹은 리액션)은 아이에게 전달되는 엄마의 감정이고, 아이에게는 엄마의 기분을 가늠하게 하는 척도가 된다.

학교에 들어가기 전까지 아이는 얼마나 에너지틱한가! 우리는 농담 반, 진담 반으로 육아로 과로사할 것 같다는 말까지도 한다. 그런데 이 시기 아이들은 비언어적 소통에 매우 예민하다. 특히 엄마의 표정, 억양, 제스처 등에 담긴 메시지를 민감하게 알아차린다. 이때만큼은 눈빛, 미소, 표정, 동작 하나하나에도 엄마의 감정과 생각이 아이에게 그대로 전달된다고 보고 반응해야 한다.

아이든 어른이든 속상하고 억울할 때 또는 부정적인 감정에 휩싸여 있을 때, 누군가 내 감정에 공감해 주면 마치 체기가 내려가듯 진정이 된다. 아이 역시도 엄마가 내 편이기를 바라고, 자신의 말을 충분히 들어주고 안아주며 반응해주기를 바란다.

언어가 발달되기 전부터 엄마와 비언어적으로 소통하던 아이들이다. 태어나자마자 아이콘택트와 스킨십으로 다져진 관계이다. 그래서 엄마의 따뜻한 반응은 부정적인 감정을 따뜻하게 녹이는 마법의 가루와 같다. 아이 말에 반응하려면 집중해야 하고 경청해야 한다. 하던 일을 멈추고 아이를 향해 몸을 돌려야 한다. 이는 관심의 표현이다. 사소한 일처럼 느껴지는 이 행동이 아이에게는 정말 중요하다.

미국의 심리학자 폴 에크만(Paul Ekman)은 표정은 말을 대신하거나 보충하는 또 다른 언어라고 했다. 윙크, 미소, 찡긋하는 표정만으로도 사람의 감정이 전달된다. 대화 도중 눈이 커지거나, 입이 벌어지면 강조의 의미가 되는 것처럼 말이다. 이처럼 표정은 말로 하지 못하는 어떤 의미를 전달한다. 폴 에크만은 행복, 놀람, 분노, 공포, 분노, 혐오, 슬픔을 기본 정서로 정의했다. 기본 정서는 표정으로 쉽게 표출된다. 이미 4세 정도가 되면 상대방의 표정을 보며 그 의미를 이해하는 소통 기술을 가진다. 다른 사람의 표정을 읽어내는 순서는 통상 기쁨, 슬픔, 분노, 놀람의 순이다. 아이가 제일 먼저 인식하는 것이 기쁨인 만큼 긍정적인 정서를 더 자주 경험하도록 해야 한다.

때로는 말보다 표정이 효과가 더 클 때가 있다. 표정이 있는 얼굴은 정서 상태가 그대로 나타나는 민감한 부위로 의지와 관계없이 나의 감정을 진실하게 보여준다. 아이의 건강한 성장에 엄마의 행복하고 즐거운 표정은 선택이 아니라 필수이다. 필요

이상의 부정적인 감정 표현이나 격한 제스처는 아이에게 상처가 되기도 한다. 아이가 원하는 것은 좋은 옷, 장난감이 아니다. 실수를 지목하며 일그러진 표정을 보이는 것도 아니다. 관심 없다는 듯 무표정한 모습도 아니다. 목젖이 보이도록 환하게 웃는 엄마, 아빠의 모습임을 잊지 말자.

한마디로 끝나는 최고의 반응, 맞장구

'맞장구'는 지지나 동의, 공감을 의미하며 상대방에게 관심을 보이는 표현이다. 맞장구는 아이가 하는 말을 반복하거나 바꿔 표현하는 것이다. 끼어들거나 가로채는 것이 아니라 재미있게 들어주고 즐겁게 동의와 지지를 보내는 것이다.

맞장구에도 두 가지가 있다. 끄덕임, 손뼉치기 그리고 상황에 맞는 표정이 비언어적 맞장구이고, "그래" "그렇지" "우와" "아이고" "정말?"같은 것이 언어적 맞장구이다. 아이가 분노를 느끼거나 슬퍼할 때, 적절한 말이 생각나지 않으면 맞장구만 쳐줘도 된다. 아이가 부정적 감정을 표출할 때, 계속 표현하게 돕는 것만으로도 충분하다. 당장 어떤 액션을 취해야 한다는 생각을 내려놓자. 아이가 감정을 충분히 표출하도록 머물러 주어야 한다. 그거면 충분하다.

"종이접기를 하고 있는데 유나가 갑자기 빼앗아 갔어." **[감정 읽기]** 그래? 속상했겠는데?" "유나한테 달라고 했는데, 유나가 종이를 던져버려서 울었어." **[되물음]** 던졌어?" **[욕구와 감정 읽기]** 아이고, 종이 접기하고 있었는데 가져가 버리니 화가 나서 눈물이 났구나." "응. 그래서 선생님께 말했어."

맞장구를 칠 때 아이가 한 말을 부분적으로 또는 다른 표현으로 되묻는 것은 아주 좋은 방법이다. 정확하게 잘 듣고 있다는 관심의 표시다. 아이와의 공감 대화가 어렵다면, 아이가 한 말을 핵심만 요약해서 말하는 것도 좋은 방법이다. 아이가 한 말을 부분적으로 반복해 주는 것만으로도 아주 훌륭한 공감 반응이 된다.

벗을 만나 차 한 잔을 마시면 한두 시간은 훌쩍 간다. 그런데 아이가 엄마 뒤를 졸졸 따라다니며 수다를 늘어놓는 것은 길어야 10분이다. 가만히 생각해보면 많은 시간이 소요되지 않는다는 것을 알 수 있다. 아이는 애정으로 가득한 관계에서만 자신의 마음을 활짝 열어 보인다. 엄마가 없는 바깥세상에서 돌아온 아이가 엄마를 필요로 할 때, 딱 10분만 아이에게 맞장구를 쳐주며 집중해 보자.

엄마의 반응은 아이에게 생기를 준다. 아이와 엄마와의 관계에서 촉매제 역할을 하는 것이 반응이다. 여러 아이들 속에서도 내 아이를 발견하고, 목소리를 기가 막히게 알아듣는 게 엄마라는 존재다. 아이는 엄마의 반응을 통해 세상을 긍정적이고 우호적으로 바라본다. 나아가 자신감을 얻고 자존감의 기초를 쌓는다. 포옹, 가벼운 미소, 환한 웃음, 맞장구 등은 엄마가 꼭 갖춰야 할 반응 기술이다. 아직 아이는 자신의 감정이나 상태 등을 잘 표현하지 못한다. 미리 해석하려 들지 말고, 인내심을 가지고 반응하는 것이 중요하다.

아이의 의도를 알아주는 공감의 말

엄마 주려고 물을 가져오다가 쏟았구나, 감동이야. 괜찮아, 치우자.

동생이 장난감을 가져가서 화가 많이 났구나. 속상했겠어.

대답을 하지 않는 걸 보니, 말하기 싫구나.

그랬구나, 우리 하온이도 친구랑 놀고 싶었구나.

이리 와. 꼭 안아주고 싶어.

아이의 의도를 무시하는 말

하지 말라니까! 지난번에도 컵 깨졌잖아.

동생한테 먼저 양보하면 이런 일이 없잖아.

꼭 그렇게 울어야 해? 참을 줄도 알아야지.

너만 끼면 꼭 싸우더라.

다른 애들이 문제가 아니고 늘 네가 문제야.

21

놀이할 때 필요한
엄마의 말

아이의 타고난 경이감이 살아 숨 쉬게 하려면
세상의 신비와 환희, 즐거움을 재발견하며
경이로움을 함께 느껴줄 어른이
최소한 한 명은 늘 곁에 있어주어야 한다.
- 레이철 카슨

학습능력의 기초가 되는 놀이

루소, 프뢰벨, 몬테소리, 페스탈로치, 피아제와 같이 시대를 대표하는 교육자들은 일찍이 놀이의 중요성을 여러 번 강조했다. '교육은 경험의 재구성'이라고 주장한 미국의 심리학자이자 교육학자 존 듀이(John Dewey)는 놀이 중심의 교육을 강조했다. 이외에도 수많은 학자들이 놀이가 교육에서 빼놓을 수 없는 중요한 명제임을 여러 연구를 통해 입증했다.

놀이는 즐거움과 재미를 느끼고, 문제 해결 능력을 키우고 두뇌 자극도 받을 수 있는 교육적 도구다. 놀이에서는 어떤 강제성도 있어서는 안 된다. 무언가를 가르치기 위해 놀이를 한다면 자칫 잔소리로 끝나는 경우가 많다. 놀이인지 아닌지는 아이의 표정이 말해준다. 엄마의 욕심 때문에 놀이를 후순위로 미루고 기회만 되면 교육이라는 색을 입히려고 하는 경우가 많은데 이렇게 되면 놀이는 스트레스가 된다.

놀이는 상상의 세계다. 아이는 다양한 시나리오의 주인공이 되어 넓은 세계를 향해 날개를 편다. 보자기가 망토가 되어 하늘을 날아오르고, 아이는 세상을 구하는 히어로가 된다. 또 드레스를 만들고 신데렐라가 되어 황금빛 마차를 향해 달려가기도 한다. 이처럼 아이가 중심인 놀이는 호기심과 주도성으로 움직인다.

놀이에서의 배움은 스스로 알고자 할 때 만들어진다. 아이들이 놀이에 집중할 때 사고력이 확장되며 기발한 아이디어가 촉진된다. 사회적 역할을 습득하고 함께 어울려 살아가는 기술을 배운다. 지켜야 할 규칙이 무엇인지도 직접 체험한다.

놀이는 집중력을 키우는 최고의 방법

영유아기관에서의 부모 참여 수업은 큰 행사 중 하나이다. 부모는 아이들과 즐거운 시간을 기대한다. 그런데 프로그램을 진행하다 보면, 행복한 추억을 만들어야 하는 시간에 우는 아이와 그 옆에서 조급해하는 엄마를 볼 때가 있다.

한번은 바게트 빵으로 자동차 꾸미기를 하는데 아이가 재료를 집어 던지고 울고 있었다. 왜 그런가 살펴보니 아이는 재료로 나온 여러 채소를 하나하나 만져보며 천천히 탐색하고 싶은데, 엄마는 다음 단계로 진행이 안 되니 답답한 마음에 아이를 설득하다 짜증이 난 상황이었다.

몇 번 이런 일이 있은 후부터는 부모님에게 다음과 같이 안내를 했다. "부모님, 오늘은 빵가루를 오감으로 느껴보다가 반죽을 한 후, 얼굴 꾸미기 놀이를 합니다. 앞에서 선생님께서 차근차근 설명하며 놀이 순서대로 안내를 해 드릴 겁니다. 그런데요, 얼굴 꾸미기 차례인데 아이가 빵가루에 흠뻑 빠져 관심이 없다면 한두 번 권유해 보고, 더이상 아이를 설득하려 들지 마세요. 그냥 아이가 집중하는 세계에 같이 머물러 주세요. 이 시간 동안은 부모님과 아이 사이에 좋은 기억을 남기는 게 훨씬 중요합니다. 다른 아이를 보면서 불안해 할 필요가 없습니다. 대신 놀이 세계에 빠져 있는 아이를 칭찬해주세요. 아이는 집중과 몰입으로 한 뼘 더 자라고 있답니다."

아이와 놀아줄 때는 두 가지 포인트가 있다. 첫 번째, 가만히 관찰하며 따라가는 것이다. 놀이의 주도는 아이이기 때문에 엄마는 필요할 때만 가볍게 개입한다. 두 번째, 놀이가 모호하더라도 일방적으로 룰을 정해서는 안 된다. 오히려 궁금해하며 아이에게 물어봐야 한다. 이성이 아니라 동심으로 아이의 세계에 함께 머물러야 한다. 그리고 아이가 놀이에 초대해 준다면 기꺼이 친구가 되어 함께 시간을 보내면 된다.

놀이는 놀이답게 만나야 한다. 프로그램에 갇혀 순서대로 혹은 시간 내로 따라가야 하는 것은 아이에게 스트레스가 된다. 놀이는 아이의 두려움과 불안감을 조절하는 데 매우 긍정적인 역할을 한다. 한마디로 말해, 진정 효과가 있다. 정신분석학의 창시자인 프로이트는 놀이를 정서적인 배출 통로라고 했다. 놀이를 소중하고 가치 있게 다루어야 한다.

창의력 창고, 바깥세상에서의 놀이

아이는 집 밖 세상에 관심이 많다. 밖에서 이루어지는 놀이는 자연과 연결된다. 자연에서 나무, 풀, 꽃을 탐색하고 곤충과 동물을 관찰한다. 다양한 날씨를 경험하며 사계절을 느낀다. 자유자재로 변형이 가능한 자연물을 오감으로 만나는 세상은 그야말로 흥미와 호기심이 가득한 곳이다. 몰입하다 보면 탐구 에너지가 샘솟는다. 소소한 발견과 탐구를 통해 고차원적인 학습 효과까지도 누릴 수 있다.

"엄마, 이것 봐. 보물이야." "그러게! 숲 속 보물이네." "엄마, 내가 보물을 땅속에 숨길 거야. 엄마가 찾기야." "응. 눈 감고 있을게." "다섯 개를 찾으면 내가 선물해 줄게."

아이가 스스로 발견한 것을 그대로 따라가면 신나는 놀이가 탄생한다. 이때 엄마가 호응한다면 아이는 자신감과 기쁨으로 충만해진다. 우리 주변의 화단, 작은 텃밭, 공원, 호수, 바다에 이르기까지 아이들의 발길이 닿는 모든 곳이 자연이며 풍부한 놀이 자원이 된다. 자연에서 신비로움과 함께 다양한 자연물을 만나면 복합적인 사고력까지 높일 수 있다.

"엄마, 두더지는 집을 어떻게 만드는 거야?" "(과학동화를 펼치며)여기, 두더지 집이 있어." "두더지는 엄청나게 힘이 센가?" "하온아, 두더지는 굴을 어떻게 팔 것 같아?" "엄마, 삽처럼 생긴

앞다리가 있어. 진짜 튼튼한가 봐."

사계절의 변화를 직접 경험한 후, 아이가 자연에 대한 궁금증과 호기심을 보인다면 관련 자료나 그림책을 함께 제시해주는 것도 좋다. 관련 자료와 함께 자세히 관찰하도록 도와주면 탐구심에 큰 도움이 된다. 다른 그림책에 비해 과학 동화는 흥미를 갖기가 쉽지 않지만, 자연놀이를 통해 접근하면 습득하기에 훨씬 수월하다.

아이들은 네모라는 공간에 갇혀 생활한다. 심지어 층간 소음 때문에 몸속 에너지를 마음껏 발산할 수도 없다. 그래서 자연에서 뛰어놀 기회가 많아져야 한다. 자연의 모든 순간은 다채롭다. 아이가 호기심으로 자연의 숨결을 느끼는 것은 세상을 탐구하는 과학자로 만드는 길이다. 자연에서 작은 변화를 발견하는 것은 창의적인 인재로 자랄 수 있는 씨앗이 뿌려졌음을 의미한다.

영유아에게 놀이는 자기표현을 가장 자연스럽게 할 수 있는 통로다. 그래서 아이에게 목숨만큼 소중한 것이 놀이다. 놀이는 결과를 지향하지 않으며 과정 자체가 목적이다. 자발적인 놀이는 배움의 즐거움과 재미를 느끼게 한다. 그리고 세상을 이해하는데 도움을 준다. 집중력이 뛰어난 아이가 되려면 스스로 놀이를 선택하고 그 속에 풍덩 빠져봐야 한다. 흥미를 느끼는 부분에 에너지를 집중시켜 본 경험은 지구력을 만든다. 놀이에 서만큼은 아이가 먼저 손을 내밀 때를 제외하고 아이가 대장이 되도록 양보하자.

놀이에 흥미를 갖고 상상력을 자극하는 말

2층 집을 만들었구나. 2층에는 누가 살고 있을까?

어떻게 날아갈 수 있을까?

우리 가족이 모두 들어갈 수 있는 집을 어떻게 만들 거야?

엄마가 하고 싶은데 하솜이의 생각이 기발한 것 같아서 기다리고 있
는 중이야.

어, 진짜 굴러가! 대단해!

놀이의 흐름을 끊는 말

블록을 크기대로 쌓지 않았잖아.

수를 세어보면서 할까? 하나, 둘, 셋~

색칠을 똑바로 해야지. 색이 선 밖으로 튀어나오면 안 예쁘잖아.

숫자 제대로 세. 틀렸어.

퍼즐하다가 왜 갑자기 소꿉놀이를 하자는 건데?

22

아이의
자기 조절력을
키우는 엄마의 말

규칙과 교훈은 포용력이 없으면 가치가 없다.
- 쿠인털리아누스

감정 컨트롤의 기초, 한계 이해

세상을 호기심 어린 눈으로 이리저리 탐색하는 아이 뒤를 엄마가 따라간다. 꽃을 꺾고 새를 향해 돌멩이를 던져도 별 제지가 없다. 그러다 아이가 바닥에 앉아 모래를 만지려고 하자, 옷이 더러워진다며 화를 내고 우악스럽게 아이를 통제한다. 아이는 '안 돼'의 의미를 제대로 알지도 못하는 상태에서 제지를 당한다. 올바른 통제가 맞을까?

식당에서 밥을 먹는 아이가 스마트폰에서 흘러나오는 리듬에 맞춰 숟가락으로 테이블을 두드린다. 그러다 밥그릇이 바닥으로 떨어진다. 옆 테이블에서 아이를 자제시켜달라고 요청하지만 아이 엄마는 "아이가 눈치 보게 별일 아닌 일로 왜 참견이세요?"라고 말한다. 결국 식당의 주인까지 오고 만다.

영유아 시기는 위험한 일과 다른 사람에게 피해 주는 일에 대해 단호하게 알려줘야 하는 시기다. 단호함을 보일 때는 준비가 필요하다. 감정적으로 대응해서는 안 된다. 감정적이지 않은 목소리 톤과 표정으로 분명하게 말하는 것이 중요하다. 그렇지 않고, 말이 많아지면 잔소리가 된다. 훈육의 과정과 똑같다. 아이를 비난해서는 안 된다. 혹시 말이 길어지고 질책하는 듯한 말이 될 것 같으면, 존댓말을 쓰는 것도 방법이다. 안 되는 것은 아무리 떼를 써도 안 된다는 것을 명확히 알려주는 것이

건강한 한계 설정이다.

아이를 키우는 부모에게 분명히 짚고 넘어가고 싶은 게 있다. 아이의 욕구를 수용하고, 감정에 공감하는 부모의 자세는 매우 훌륭하지만, 잘못된 행동까지 허용해서는 안 된다는 것이다. 애정과 칭찬, 격려만이 아이 삶에 필요한 것이 아니라는 것을 알아야 한다. 할 수 있는 것과 해서는 안 되는 것의 경계를 명확히 알고 배우는 것이 필요하다. 그래야 세상을 편안하게 살아가는 자기조절능력을 배우게 된다.

자기조절력 키우기

무조건적인 허용은 건강한 자존감과 아무 관련이 없다. 무조건적인 허용은 사회적 기술을 포기하라는 것과 같다. 아이에게 선택지를 제공하고 결과를 경험하도록 기회를 주는 것이 자기조절능력 향상에 도움이 된다. 체념을 경험하고 수용할 줄 알아야 건강한 삶을 살아갈 수 있다. 체념은 포기가 아니다. 또 다른 삶의 기회를 볼 수 있는 안목을 키우는 것이다.

"**[사실 묘사]**엄마 침대에서 뛰는 게 재미있구나. 엄마가 스프링이 망가져서 소리가 난다고 지난번에 말했지? **[욕구]**잘 때마다 소리가 나서 불편해. 엄마는 편안하게 자고 싶단다. **[선택지 제시]**그만 뛰고 엄마랑 누워볼까? 아니면 네 방에서 덤블링을 해도 되고, 밖에서 노는 것도 좋을 것 같아. 이 중에서 결정해. **[행동]**계속 뛰고 싶구나. 일단 엄마가 네 방으로 데려다 줄게. 거기서 뛰렴. (또는) 엄마 침대에 있고 싶었구나. 같이 누워있으니까 참 좋네."

아이의 고집과 권리를 혼동해서는 안 된다. 아이가 알아들을 수 있는 수준으로 한계를 설정하고 반복해서 설명해야 한다. 선택지를 제시하고 아이가 선택하도록 하되 결정한 사항에 대해서는 인정해주어야 한다.

자아개념이 발달하기 시작하면 "내가" "싫어" "아니야"라는 말을 자주 입에 올린다. 부모의 눈에는 고집과 떼쓰기로만 보인다. 아이는 아직 한계를 모른다. 어디서부터 어디까지가 허용인지도 모른다. 부모의 가르침으로만 배울 수 있다. 한계를 명확히 하고 반복적으로 일관성 있게 교육하는 엄마의 역할이 중요한 이유다.

아이는 엄마의 제스처와 표정만으로 일상생활의 규칙을 알 수 없다. 정확히 설명해 주어야 스스로 조절하며 편안해진다. "안돼" "멈춰" "그만" 등의 말은 위험하고 정말 필요한 순간에만 단호하게 사용할 수 있다. 이 말을 수시로 자주 사용하게 되면 위력은 사라진다. 그러면 더 센 말을 하는 수밖에 없다. 하지만 지나친 제한은 아이를 주눅들게 하고 반항하도록 만든다는 것도 꼭 기억하자.

타인과 조화롭게 살아가는 법

아이를 잘 양육하기 위해 엄마의 인생은 어느 순간부터 뒷전이 되어 있다. 육아라는 것이 아이가 주는 기쁨만큼이나 고되기도 하다. 아이의 웃음소리, 천사같이 잠든 모습에서는 말로 표현할 수 없는 보람을 느끼기도 하지만 아이가 실수로 떨어뜨린 우유컵을 보는 순간에는 갑자기 이성을 잃고 폭발해 버리기도 한다. 아이와 신경전을 벌이다 승리한 기분도 잠시, 뒤돌아서자마자 어른으로서 유치하게 아이를 이긴 자책감에 휩싸일 때도 있다.

어느 순간, 힘들었던 감정이 터져버릴 때가 있다. 별일 아닌 일에 냉랭해지고, 싱크대의 그릇을 퉁명스럽게 다루고, 아이 말은 못 들은 척하며, 싸늘한 표정을 보인다. 누구에게나 그런 날이 있다. 우리는 엄마이기 이전에 나약한 인간이다. 문제는 감정폭발 대부분이 아이가 실수했을 때, 잘못을 저질렀을 때 일어난다는 것이다. 그래서 훈육의 한계를 정하는 것이 중요하다. 한계치를 정하면 순간적으로 감정이 폭발하는 일을 예방할 수 있다.

문제 행동은 아이가 어릴수록 부모의 양육 태도가 원인인 경우가 대다수이다. 아이의 요구를 무조건 수용하는 것도 안 되지만, 무조건 통제해서도 안 된다. 되고 안 되고를 일관성 있게 가르쳐야 하는 것은 타인과 조화롭게 살아가는 데 있어 가장 필요한 일이다. 부모가 정한 한계의 울타리 안에서 적절히 좌절의 경험과 포기를 받아들이는 것이 아이 인생에 중요한 발판이 된다.

　　아이의 자존감을 위해서라면 "안 돼"라는 말은 금기어일까? 모든 것을 수용 받으며 자란 아이가 사회 생활을 하며 거부나 제한을 받으면 이를 극복할 수 있을까? 타인의 요구에 대해 내 생각을 접고, 불합리한 것이라도 받아들여야 할 때가 있다. 요구할 줄도 알아야 하지만 요구를 받아들일 줄도 알아야 한다. 그러려면 부모의 울타리 안에서 한계와 타협을 경험해야 한다. "안 돼"라고 말하고 나서, 어떤 이유 때문이지 정확하게 설명하자. 아이는 금세 잊는다. 반복해서 말해주고 부모가 바라는 사항을 명확하게 표현하되 긍정적으로 마무리해야 한다. 그래야 규칙을 존중하고 지킬 수 있다. 한계(혹은 기준)를 정한 후에는 쉽게 변경해서는 안 된다. 이를 명확하게 잡아가는 것이 육아이다.

사회성/도덕성의 기초를 만들어주는 말

식당에서 뛰면 안 돼. 앉아서 밥 먹는 거야.

여기는 소리 지르는 곳이 아니야. 사람들이 많지?

던지면 사람들이 다칠 수 있어. 그만해.

과일을 누르면 상해서 팔 수가 없어. 그러면 필요 없어도 우리가 사야 해.

가만히 서 있자. 엘리베이터에서 뛰면 사고가 날 수 있어.

사회성/도덕성의 혼란을 주는 말

뛰면 안 되는 거 알죠?

자꾸 소리 지르면 나갈 거야.

창피하게 다 쳐다보잖아. 그만하라고!

어제도 빵집 가서 빵을 손으로 눌러서 샀잖아. 오늘도 과일을 누르고
　　싶었어? 도대체 언제까지 봐줘야 해?

아이가 뛸 수도 있지, 왜 눈치를 줘요?

23

아이가 실수할 때
꼭 해야 하는
엄마의 말

실수는 발견의 시작이다.

- 제임스 조이스

행복과 동떨어진 완벽주의를 만드는 잦은 지적

캐나다 심리학자인 폴 휴이트(Paul L. Hewitt)와 고든 플레트
(Gordon L. Flett)는 완벽주의가 정신 병리학과 연관되어 있다는
것을 연구를 통해 입증했다. 그리고 자기 지향적 완벽주의, 타인
지향적 완벽주의, 사회 지향적 완벽주의 세 가지를 제시했다.

'자기 지향적인 완벽주의'자는 완벽의 수준이 높으며 자기
비판적이며 스스로 비현실적인 목표를 설정하는 경향이 있다.
그리고 '타인지향적 완벽주의'자는 다른 사람들이 정한 기준을
충족해야 한다는 압박감을 갖는다. 사회적 통념의 기준을 충족
시켜야 한다는 기준이 있는 '사회 지향적 완벽주의'자는 다른
사람의 부정적인 평가를 두려워한다. 사실, 완벽주의는 이 세
가지 차원 중 어느 하나에만 영향을 받는 것이 아니라 서로 영
향을 주며 다차원적으로 조합된 결과이다. 완벽주의를 긍정적
으로 이용하는 사람은 최선의 의사결정을 하고 긍정적인 정서
와 함께 높은 자존감을 갖고 있다. 그러나 부정적으로 이용하
는 사람은 후회, 억압, 불안, 우울 나아가 자살, 약물, 알코올 중
독 등의 특성을 보인다.

실수에 민감한 아이는 부모 기대에 부응하지 못할까 봐 초
조함으로 세상을 살아간다. 실수로 인한 두려움과 상처가 많아
서 세상을 위협적으로 본다. 다른 사람에게 완벽하게 보여야

한다는 압박감으로 자신이 거부 당하는 것에 높은 두려움을 갖는다. 하지만 실수에 대한 불안감이 높아질수록 외로움, 두려움, 소극적인 태도를 형성하고 사회에 쉽게 적응하지 못한다. 실수하면 친구가 자신에 대한 실망과 함께 비난할까 봐 매우 예민하며 결국에는 다가가는 것을 포기한다.

평소에 지적을 많이 받은 아이는 자신의 행동에 지나치게 조심스럽고 소극적이다. 실수하면 자신이 안 좋게 평가될 거라는 두려움에 사로 잡힌다. 실수를 계속 곱씹으며 스스로에게 만족하기도 어렵다. 심지어 친구와 실수를 같이 했음에도 마치 자신의 탓인 것 같아 큰 죄책감과 책임감을 느끼며 괴로워한다.

아이에게 실수는 배움이고 교육이다. 그래서 따뜻하게 격려해야 한다. 일일이 꼬집고 말하지 않아도 이미 경험으로 학습하고 있다. 아이는 어릴수록 호기심이라는 거대한 욕구를 갖고 있다. 도전과 시도로 호기심의 욕구를 채워가다 보면 자신만의 확고한 세계가 생긴다. 가벼운 실수라면 못 본 척 넘어가는 것도 엄마의 한끗 다른 지혜이다.

보이는 사실만 말해도 된다

어떤 의도를 가지고 실수한 것이 아닌데도 잘잘못을 따지고 잔소리 폭격을 가하는 부모가 있다. 두 번 다시 실수하지 않도록 가르쳐야 한다고 믿기 때문이다. 이런 생각은 실망과 함께 분노가 표출되면서 매우 강도 높은 꾸중으로 이어질 수 있다. 실수를 바로잡고 싶다는 생각이 실패를 수치스러운 것으로 만들기도 한다. 이때 아이는 심리적 방어로 떼를 쓰거나 울면서 실수를 수치심으로 저장한다.

"엄마가 치우라고 했지! 안 치워서 망가졌잖아!" 이렇게 말하는 것은 평가하는 말이다. 평가하지 말고 눈에 보이는 그대로 말하는 것이 중요하다. "완성된 점토가 바닥에 있었구나. 부러져서 속상하겠네. 책상에서 점토 놀이를 했으면 좋았을 텐데." 공을 들여 만든 점토가 망가졌을 때 제일 속상한 건 아이다. 아이는 점토가 바닥에 있으면 망가진다는 것을 배웠다. 엄마 말을 안 들어서 점토가 망가졌다는 것은 '말을 듣지 않은 아이'로 낙인찍는 것일 뿐이다. 가장 좋은 방법은 보이는 대로 사실 그대로 말해 아이가 실수의 원인을 정확히 알도록 하는 엄마의 말이다. "내가 너 그럴 줄 알았어. 너는 꼭 그러더라." 이렇게 말해서는 안 된다.

실수했을 때 갈등이 생기는 이유는 문제와 사람, 실수의 본질과 인격을 분리하지 않아서이다. "그럴 줄 알았어"라는 말은 '늘 실수하는 아이'라는 프레임을 씌운 것이나 다름없다. 이런 말을 들으면 수치심과 모멸감을 느낀다. 더군다나 다른 가족이나 타인 앞에서 이런 말을 듣게 되면 무의식 속으로 깊은 상처가 된다. 감정이 섞인 엄마의 푸념이 지적, 판단, 평가로 남아 아이에게 낮은 자존감을 쌓게 한다.

영유아 시기는 '경험'의 힘이 매우 크다. 내면의 자아가 형성되는 중요한 방향키가 경험이다. 잦은 실수, 경험 미숙의 실수, 무의식적인 실수라도 엄마의 침착한 대응이 실수를 의미있는 것으로 만든다. 스스로 깨달을 수 있도록 기회를 주어야 한다. 깨달은 것이 생각으로 전환된다면 실수는 교육이 된다.

실수는 성장의 기회

살다 보면 유난히 부정적인 생각을 많이 하는 사람이 있다. 이런 사고 습관은 타고나는 것일 수도 있고 부정적인 정서를 가진 가족의 영향일 수도 있다. 혹시 우리 가족 중 작은 실수에 크게 요동하고, 감정의 기복이 크며, 화를 잘 내고, 겁주는 것도 잘하는 사람이 누구인지 살펴보자.

편안하게 지내야 할 집에서 작은 일에 신경 쓰고 눈치 보며 불안하게 되면 자율성, 개성, 솔직함과 같은 인격적 요소는 물론이고 자신의 의견을 표현할 기본 권리마저 포기하게 된다. 잦은 실수가 보이는 부분은 아이의 단점이 아니라 큰 성장이 일어날 수 있는 부분으로 생각해야 한다. 지금 당장은 아이가 걱정되고 부족하게 느껴지더라도, 아이의 미래를 생각한다면 더 큰 성장의 기회로 생각해야 한다. 아이가 자주 깜빡한다면 조용하고 차분하게 '이건 정말 중요해'라고 눈을 마주치며 강조한다. 무엇보다 왜 실수가 반복되는지 혹시 주변 환경의 문제가 있는 건 아닌지 점검할 필요도 있다.

실수로 넘어졌지만 툭툭 털고 일어나는 경험이 많을수록 자신을 지키는 방법을 배운다. 실수에 대한 결과는 충분히 감당할 만한 것이라고 아이가 생각해야 한다. 이때 든든한 심리적 안정 장치가 엄마의 말이다.

지적을 멈추고, 아이를 격려하는 말습관이 중요하다. 누구나 실수를 한다. 오 남매를 키우고 아동 교육 관련 공부도 했지만 나 역시도 날마다 실수투성이었다. 자괴감에 홀로 머리를 쥐어박은 날도 많았다. '육아만큼 사람을 겸손하게 만드는 게 없구나'라고 입버릇처럼 말한다. 그러나 나는 안다. 엄마가 때때로 아이에게 실수했을 때 미안한 마음을 진솔하게 전하면 아이들은 언제나 깊은 사랑으로 이해한다는 것을! 아이는 엄마의 미안함 앞에서 평가하거나 조건을 달지 않는다. 우리는 아이에게 그 사랑을 배워야 한다. 그렇게 서로에게 배워가는 것이 삶이고 육아이다.

실수가 성장의 기회가 되는 말

괜찮아, 엄마도 어릴 때 똑같은 실수 많이 했거든. 점점 좋아질 거야.

힘내. 엄마가 있잖아.

세상에 실수 안 하는 사람은 없어. 실수하며 배우는 거야.

하온이가 아기 때 밥 먹으며 많이 흘렸거든. 그런데 지금은 흘리지 않
고 잘 먹잖아. 수저로 먹는 연습을 많이 했거든.

이건 정말 중요한 거야. 기억해. (강조로 기억력 돕기)

실수가 위축이 되는 말

대답하면 뭐해? 또 실수하는데.

생각 좀 하고 살아.

애들은 다 잘하는데, 너만 실수했잖아.

연습이 부족해서 그래. 넌 끈기가 없는 게 문제야.

또 기억 못해? 불리하면 기억 안 난다고 하더라.

24

창의력을 키우는
엄마의 말

한 수저의 상상력은 한 트럭의 지식보다 훨씬 더 중요하다.
- 아인슈타인

4차 산업혁명 시대를 움직일 주요 키워드로 창의적인 사고가 주목받으며 호기심과 상상력이 재차 강조되고 있다. 창의력은 미래의 핵심 역량이다. 수많은 정보와 지식 속에서 의미 있는 정보를 가려내고 새로운 대안을 찾아내는 것이 창의력이다. 창의성은 호기심과 상상으로부터 길러진다.

"엄마, 우리 우주로 여행 가기로 했지? 여기 앉아." "알았어. 여기가 우주선이야?" "응, 여기서 오늘은 점심을 먹는 거야"

호기심과 상상력을 키우려면 주변에 있는 자원을 자유롭게 탐색할 수 있어야 한다. 때마다 통제하는 환경이 아닌 개방적인 환경이어야 한다. 자유로운 탐색이 뒷받침될 때 생각은 넓어진다. 새로운 것에 관심을 두도록 아이의 도전을 격려하는 것이 중요하다.

"무슨 생각해?" "엄마, 내 방을 청소하는 로봇을 만들고 싶어." "와, 기발한 생각이야. 어떤 재료로 만들게?" "냄비랑 드라이기로 만들까?" "좋아. 일단 그림으로 그려볼까?"

아이의 생각을 인정하고 허용하는 것부터 해야 한다. 생각을 허용한다는 것은 실패가 예상되고, 약간의 위험을 감수해야 하는 것을 알면서도 도전을 기꺼이 수용하는 것이다. 아이 스스로 놀이하며 다양한 방법을 찾아가도록 자신감을 심어주는 것이 중요하다. 이는 아이의 생각이 뻔히 읽히더라도 부모 앞에게 마음껏 뽐낼 기회를 주는 것이다. 엄마는 친구가 되어 아이 입장에서 눈높이를 맞춰가기만 하면 된다. 아이 혼자서 자유롭게 생각하고 탐구하며 호기심을 충족해 나가는 시간을 주자.

엄마의 깔끔병은 창의력의 독

아이가 가진 기질적인 부분도 있으나 엄마의 성향이 창의력 발달에 큰 영향을 미친다는 사실을 어린이집 원장을 하면서 참으로 많이 느꼈다. 물감 오감 놀이가 진행된다고 수차례 공지했음에도 불구하고, 비싼 브랜드의 옷을 입혀 보낸 다음 옷에 물감이 묻지 않도록 지도해 달라는 부탁이 한두 번이 아니었다. 깔끔한 육아를 고수하는 엄마는 자신의 자녀가 놀이에 적극적으로 참여하지 못해 힘들어 한다는 사실은 알고 있을까?

새로운 재료에 호기심을 갖고 놀이에 열중하는 아이 뒤에는 열린 마인드의 엄마가 있다. 옷이나 피부에 재료가 좀 묻어도 된다고 생각하는 놀이 환경을 지원하는 것이 엄마다. 반면, 발바닥에 작은 거 하나라도 묻으면 기겁을 하고 우는 아이 뒤에는 깔끔함을 추구하는 완벽주의적 엄마가 있다. 이런 아이들은 헤어 스타일과 옷매무새에도 과민 반응을 한다.

어린이집에서 불안을 보이는 아이들이 편안하게 놀이를 할 방법은 단 하나밖에 없다. 선생님의 반복된 격려 뿐이다. 건강과 안전에 위협이 되지 않는다면 놀 때 만큼은 깔끔함에 대한 생각은 잠시 접어둬도 괜찮다. 편안하게 탐색하고, 호기심과 흥미를 가지고 집중할 수 있도록 자유를 허락하는 것이 아이의 상상력과 창의력을 키우는 방법이다.

꼭 놀이 시간뿐만이 아니다. 책을 읽는 시간이나 학습을 하는 시간도 마찬가지다. 아이의 집중을 방해하는 규제가 많을수록 창의력도 함께 방해받는다. 아이에게 자유는 필수다. 값비싼 교구가 창의력을 만들어주지 않는다. 시간 가는 줄 모르고 놀이에 몰두할 때 새로운 발견을 하고, 자신만의 방법으로 문제를 해결하는 창의적 사고를 키울 수 있다.

문제해결과 소통능력까지 높이는 질문

상상력이란 존재하지 않는 것을 생각하며 이미지로 구체화하는 능력이다. 창의력이란 상상으로 생각한 것을 현실화하는 능력이다. 그러므로 창의력은 상상력을 전제로 지식과 특별한 잠재의식이 만난 결과이다.

"엄마, 티라노사우루스가 입을 벌리고 따라오고 있어!" 아이는 진짜 겁에 질린 표정으로 엄마 품속에 쏙 안긴다. 한참 토닥이며 달래고 나서야 안정된다. 아이들에게 상상은 일상이다. 놀이하는 동안, 산책하는 동안, 그림책을 보는 동안, 아이들은 끊임없이 상상한다. 교실에서 선생님의 이야기를 듣고 있다는 사실 하나만으로도 수많은 상상을 쏟아낸다. 상상은 현실이 되고 현실은 다시 상상의 세계로 넘어가 기발한 아이디어로 새롭게 태어난다.

창의력에 도움이 되는 엄마의 질문

창의력에 도움이 되는 엄마의 질문

[How]탐험 기지를 어떻게 만들고 싶어?

[How]어떻게 해야 하늘을 날 수 있을까?

[What]무엇을 만들어 볼까?

[What]무엇이 필요할까?

[Why]좋은 생각이야. 근데 왜 여기에 골판지를 붙였어? 궁금해.

[Why]백설공주는 왜 사과를 먹었을까?

[If]만약에 동생이 터널로 들어가지 않았더라면 어떻게 됐을까?

[If]만약에 네가 두루미라면 여우에게 뭐라고 말하고 싶니?

상상력이 발현되어 창의력으로 연결되기 위해서는 질문이 중요하다. '무엇(what)'이라는 질문은 아이가 주변 환경을 탐색하고 세밀한 부분에 주의를 기울이는 능력을 키워준다. '왜(why)'라는 질문은 아이가 상황을 분석하고 인과관계를 이해할 수 있도록 비판적 사고 능력을 키우는 데 도움이 된다. '어떻게(how)'는 문제를 다양한 방향에서 접근하고 분석하도록 도와준다. '만약(if)'이라는 질문은 상상을 기반으로 가상의 상황을 만들어 다양한 옵션을 고려하여 결정하는 사고력을 키워준다.

질문은 창의력을 높이는 중요한 매개체이다. "너는 어떻게 생각해?"라는 질문은 자유롭게 자기 생각을 표현하는 방법이다. 아이는 이런 과정을 겪으며 자신의 의견, 타인의 의견을 존중하는 법을 배운다. 이런 경험은 리더십에서 필요로 하는 협력과 소통의 역량을 향상시킨다.

아이는 순수하다. 마음에 떠오르는 이미지 그대로를 표현한다. 어른의 눈으로 보기에는 평범해 보여도 아이는 언제나 새롭고 다양한 프레임으로 의미를 재창조한다. 아이는 천성적으로 호기심이 많고, 편견 없이 세상을 본다. 상상력은 자유의 날개를 달고 여기저기로 날아오른다. 창의성에 필요한 기초역량을 만들어 나가는 최적의 시기가 바로 영유아 시기다. 아이의 상상력이 창의력으로 연결될 수 있게 돕는 것이 엄마의 역할이다.

창의적 사고에 도움이 되는 말

오늘은 물감이 묻어도 되는 옷을 입고 가자.

이런, 물감이 안 지워지네. 이 옷은 앞으로 물감 놀이할 때 입을까?

색을 섞으니 특별한 느낌이야.

얼굴을 보니 재미있게 놀았구나. 이리와, 엄마가 닦아줄게.

모래로 놀이하고 싶었어? 모래 만진 손에는 세균이 있어서 입에 닿으
　　면 안 되니까 조심해.

창의적 사고에 독이 되는 말

옷에 떨어져. 조심하라고.

옷에 물감 묻으면 안 지워져. 이거 비싼 옷이야.

색을 섞으면 어떻게 해! 색이 이상하게 나오잖아.

얼굴에 뭐 묻은 거야? 놀고 나서 깨끗이 닦으라고 했지.

모래 만지지 마.

25

잠을 잘 자게 하는 엄마의 말

수면은 피곤한 마음의 가장 좋은 명약이다.
- 세르반테스

아이의 수면 스타일 찾기

서울의대 환경보건센터와 한양대병원 정신과에서 '아동 수면 시간과 IQ 점수의 연관성'에 대한 연구를 공동으로 진행했다. 장기간 일정한 간격으로 관찰하고 비교하는 연구였다. 그 결과 아동의 수면 시간이 길면 길수록 언어 아이큐가 증가하는 것이 확인되었다. 특히 남자 아이가 여자 아이보다 더 두드러졌다. 더 놀라운 것은 8시간 이하 수면을 취한 아동보다 10시간 이상 수면을 취한 아동의 IQ가 10점이나 더 높았다는 사실이다.

미국 수면재단에서는 초등학교 입학 전 아이들은 10~13시간, 초등학생은 9~11시간이 권장 수면 시간이라고 발표했다. 그러나 안타깝게도 우리나라 7~8세 아이들의 수면 시간은 대부분 9시간 미만이다(86.1%). 갈수록 영유아기관에 머무는 시간이 늘고, 초등학생은 학원을 마치고 집에 오는 시간이 늦다 보니 잠드는 시간 역시도 늦어지고 있다. 충분한 수면 시간을 못 채운 채 그 다음날 일찍 일어나는 하루가 반복된다.

"이제 그림책도 다 읽었으니까 불 끌게." "엄마, 잠깐. 나 물 먹고 올게." "금방 물 먹고 왔지? 물 먹고 와서 잔다고 약속했잖아." "한 번만, 딱 한 번만." "또 먹고 싶구나. 그런데 내일 아침까지 참을 수 있을 것 같아. 그만 자자."

아이들은 이상하게도 잘 때만 되면 자주 목이 마르고, 화장

실도 가고 싶어진다. 세상에 대한 호기심이 많은 아이 입장에서 잠을 잔다는 것은 아쉬움 투성이다. 그러나 이런 일이 잦다면 화장실을 몇 번 갈 것인지, 물을 몇 번 먹을 것인지 미리 대화를 나누고 약속하는 것이 좋다. 부모는 일관성을 가지고 친절하면서도 단호하게 아이가 약속을 지키도록 해야 한다. 중요한 것은 화를 내거나 이번 한 번뿐이라며 양보하는 것은 수면 습관에 전혀 도움이 안 된다는 사실이다.

잠을 자지 않으려는 아이의 행동이 계속 반복되면 엄마의 감정은 슬슬 고조된다. 그리고 잔소리가 나온다. 이럴 때는 아이의 손을 잡거나 부드럽게 안고 방에 눕히며 따뜻한 눈 맞춤을 한 후 방에서 나오도록 해야 한다. 아이는 이 과정의 반복으로 편안하게 잠드는 법을 배운다.

기질과 성향에 따라 수면을 취하는 방법과 시간도 다르다. 아이랑 가장 잘 맞는 수면 스타일을 찾는 것이 중요하다. 자장가에 편안함을 느끼는 아이가 있는가 하면, 잠들 때까지 조명을 유지해야 편히 잠드는 아이도 있다.

편안한 수면 루틴을 만들어주는 엄마

수면은 감정의 물결을 잘 헤쳐나가는 데 중추적인 역할을 한다. 수면 부족은 감정을 효과적으로 처리하는 뇌 기능을 방해하고 불안정한 정서를 만든다. 그래서 잠이 부족하면 짜증이 심해진다. 수면학 박사 조디 민델(Jodi Mindell)은 수면이 부족한 영유아는 스트레스 호르몬인 코티솔 수치가 높아 감정조절 장애가 나타난다고 했다.

영유아 시기의 부족한 수면은 불안한 정서와 함께 과잉 행동과도 밀접한 연관이 있다. 한 연구에 따르면, 아기 때 여러 가지 수면 문제가 있었던 아이 네 명 중 한 명이 주의력 결핍과 과잉행동장애 진단을 받는다고 했다. 이런 아이들은 성인이 되어서도 정신 질환의 위험 수준이 높다.

아이의 질 높은 수면을 위해 체크해야 할 사항 중 하나가 바로 미디어다. 미국소아과학회(AAP)에서는 취침 전 영유아에게 디지털 환경과 시청 시간에 대한 지침을 다음과 같이 제시했다.

영유아 미디어 지침서

[생후 8개월 미만] 미디어 시청을 하지 않는다.

[생후 18~24개월] 고품질 미디어를 선택하고 부모와 함께 시청한다.

[2~5세] 하루 1시간으로 제한하며 고품질 미디어를 부모와 함께 시청한다. 식사, 놀이 시간에는 그 일에만 집중하도록 한다. 취침 1시간 전에도 역시 시청을 제한한다(취침 전에 스마트폰, 태블릿, 노트북 등을

치운다). 빠른 전개가 특징인 예능 프로그램, 주의를 산만하게 하거나 폭력성이 있는 콘텐츠는 보여주지 않는다.

이 지침에서는 취침 전 미디어(핸드폰 화면 등) 노출은 수면의 질을 방해한다고 밝힌다. 자극적인 콘텐츠와 화면에서 방출되는 블루라이트가 아이의 뇌를 자극하고 흥분시켜 수면을 방해한다는 것이다. 따라서 수면을 앞두고는 마음을 진정하는 음악이나 그림책, 정적인 놀이를 하는 것이 좋다.

"하온아, 짧은 바늘이 9에 가면 자는 시간이야." "만화 더 보고 싶어." "우리 약속했지? 만화는 짧은 바늘이 8에 가면 끄는 거야." "그럼 내일 더 보여줄 거야?" "오늘은 더 보고 싶어도 시곗바늘이 8에 가면 끄고 엄마랑 퍼즐을 맞춰 볼까? 어떤 퍼즐 맞출까 생각해 봐."

취침 전 미디어 제한은 질 높은 수면을 위해 반드시 지켜야 하는 활동이다. 취침 한 시간 전부터 차분한 활동의 루틴을 지키도록 해야 한다. 반복된 경험을 하게 되면 다음을 예측하며 편안한 자신만의 잠자리 습관을 만들 수 있다. 그래서 항상 같은 시간에 잠자리에 들고, 같은 시간에 일어나는 것이 중요하다.

성장 호르몬이 가장 활발하게 분비되는 시간은 저녁 10시부터 새벽 2시 사이다. 이 시간에 잠을 자야 신체 발달과 신진대사가 촉진된다. 뇌가 발달하는 것도 잠을 자는 시간 동안이다. 수면 호르몬인 멜라토닌이 저녁 10시부터 새벽 2시 사이에 분비된다. 수면 시간이 다가올수록 호르몬 수치는 증가하고, 각성 상태에서 졸음 상태로 전환된다.

밤에는 멜라토닌 수치가 높아져 수면의 깊이와 질을 조절해 다양한 수면 단계의 회복을 돕는다. 반대로 아침 햇살이 들어오면 멜라토닌 분비가 억제되고 '기분 좋고 긍정적인' 세로토닌 수치가 상승한다. 세로토닌은 기분 조절, 인지 기능 및 다각적인 역할을 하는 신경 전달 물질이다. 세로토닌은 하루를 기분 좋게 시작하도록 하고, 불안과 스트레스를 완화하고 만족감을 준다. 하지만 잠이 부족하면 기분 좋게 하루를 시작하기 어렵다. 일찍 자고, 일찍 일어나는 루틴만 잘 만들어도 아이 성장에 큰 도움이 된다.

성향에 따라 밤잠을 길게 자는 아이도 있고, 낮잠과 밤잠을 적절히 나누어 자는 아이도 있다. 엄마는 아이의 수면 스타일을 충분히 살피고 휴식을 도와야 한다.

충분한 잠은 건강한 성장에 필수 요소다. 신체와 면역 체계 및 인지 발달에 중요한 역할을 한다. 자는 동안은 신경과 뇌로 중요한 성장 호르몬이 분비되며, 신체 기능을 회복하고 활동 에너지를 재생산한다. 잠과 관련한 규칙적인 루틴은 영유아일 수록 매우 중요하다. 아이를 억지로 재우는 건 힘들다. 좋은 잠 자리 습관을 위해서는 부모의 꾸준하고 일관적인 보살핌이 중 요하다. 영유아 시기에는 10시간 이상 충분한 수면 시간이 무 조건 확보되어야 한다.

긍정적 에너지로 하루를 시작하는 말

[포옹]푹 잤구나. 엄마가 안아줄게

[미소]일어나기가 힘들어? 엄마가 다리 주물러줄게

[속삭임]좋은 꿈 꾸었어? 어떤 꿈을 꾸었는지 궁금해

[노래]둥근 해가 떴습니다~ 일어날 시간이네. 기지개 펴 볼까?

[격려]깨워서 화났구나. 오늘 견학 간다고 기대했잖아. 힘들지만 조금
만 더 누워있다가 세수할 수 있지?

부정적 에너지로 하루를 시작하는 말

빨리 일어나.

어제도 지각했는데 또 지각할 거야?

너는 왜 스스로 일어나지를 못해?

밥 먹어야 하는데 왜 이렇게 못 일어나?

일어나라고! 너 깨우기 너무 힘들어.

26

주저하는
아이를 위한
엄마의 말

용기있는 사람은 두려움을 느끼지 않는 사람이 아니라
두려움을 뛰어넘는 사람이다.
- 넬슨 만델라

아이의 열정을 도전으로 만드는 말

어린이집에서 놀이에 열중하던 아이가 교구장에 부딪혀 다리에 멍이 들었다. 자초지종을 설명하고 있는데 아이 엄마가 가로채기하듯 말한다.

"선생님, 저는 우리 아이가 넘어질 것 같으면 위험한 건 미리 다 치워놔요. 놀이터에서 우리 아이 앞에 다른 아이가 있으면 얼른 아이에게 가서 멈추라고 손으로 막아요. 부딪힐 수 있으니까요. 선생님께서도 아이가 다치지 않게 집중해 주시고 미리 예방해 주셨으면 좋겠어요."

아이들에게 세상은 재미로 가득 찬 곳이다. 특히 신체와 인지 기능이 성장하면서 하고 싶은 것도 점점 많아진다. 그런데 그때마다 규칙과 제한으로 가로막힌다면, 아이의 창의력과 자신감은 떨어질 수밖에 없다. 무엇보다 아이가 요구하기도 전에 위험을 제거한다고 이것저것 치워버리면, 아이는 무력감 같은 걸 느끼고 욕구불만을 쌓는다.

보통은 아이들이 제지당하더라도 지치지 않고 엄마와 맞선다. 우리는 이 행동을 '반항'이라고 생각한다. 그래서 강하게 통제하거나 반대로 떼를 받아주는 식으로 문제를 풀려고 한다. 하지만 이는 아이가 자신의 생각을 표현하며 살아갈 수 있는 방법을 배울 기회를 뺏는 것이나 다름 없다. 스스로 할 수 있는 일이라면 가급적 허용하는 것이 좋다. "뛰지 마" "안돼" "엄마가 해 줄게"라는 말을 자주 하면 리더십을 키우기 어렵다.

용기, 있는 그대로 받아들이는 것

오스트리아의 정신의학자 알프레드 아들러(Alfred Adler)는 자신을 있는 그대로 받아들이는 것을 용기라고 했다. 사람이 불행한 것은 능력 때문이 아니라 용기의 부족 때문이라고 했다. 같은 이론을 주장한 캐나다의 심리학자 조던 피터슨(Jordan B. Peterson)과 미국의 심리학자 마틴 셀리그먼(Martin E. P. Seligman) 역시 용기를 강조했다. 동양철학자 맹자(孟子)는 용기는 마음의 방황에서 벗어나 평정심을 지키는 한 방법이라고 했고 공자(孔子)는 실천하는 힘이라고 정의했다. 이처럼 용기는 개인의 행복을 위해 반드시 필요한 것이다.

"누가 엄마 머리카락에 손을 댔을까?" "내가 그랬어" **[의도 파악]**왜 그랬어?" "예쁘게 해주고 싶어서" **[공감]**그랬구나. **[이유 설명]** 그런데 엄마는 출근해야 하는데 머리카락이 삐죽빼죽 해서 사람들이 엄마를 보고 놀라겠다. 머리카락은 함부로 자르면 안 되는 거야. **[의도 수용]**이번에는 엄마를 예쁘게 해주려고 한 거니까 이해할게. 하지만 다음에 또 그럴 때는 미리 말해줘야 해. **[대**

안 제시]그때는 머리카락을 잘라도 되는 인형을 하나 정하는 것
도 좋을 것 같아."

딸을 재우다가 같이 잠이 들었는데 일어나보니, 아들이 내
머리는 물론이고 딸 아이의 머리카락까지 자른 것이 아닌가!
당황스러웠다. 하지만 호기심에 그럴 수 있다는 생각이 들었다.
아이는 혼이 날 것 같은 표정이었는데, 괜찮다는 엄마의 말에
금세 웃는 얼굴로 바뀌었다. 나는 그날의 에피소드를 사진으로
남겨두었다. 머리가 엉망이 된 사진을 보며 아이들과 그날을
추억한다. 이처럼 시간이 흐른 다음 돌이켜 보면, 심각할 정도
로 우리가 걱정할 일은 그다지 많지 않다.

실수한 순간 예상치 못한 격려를 받으면, 미안함이 생기면
서 양심으로 발전한다. 고맙고도 미안한 마음이 들면서 한편으
로는 존중받았다는 감정도 얻는다. 용기는 잘못과 실패를 과감
하게 인정하고 바로잡고자 노력할 때 자란다. 자신을 용서하는
것에도 용기가 필요하다. 용서를 받아본 아이는 자신을 있는
그대로 받아들인다.

용기를 주는 엄마의 말

익숙한 경험은 편안함을 주지만, 낯선 경험은 두려움을 주고

회피하게 한다. 이에 맞서기 위해서는 용기가 필요하다.

영유아라면 어린이집이나 유치원에 새롭게 가거나 그 안에서 반이 바뀌거나, 어느새 자라 초등 학교에 입학할 무렵 어김없이 두려움을 느낀다. 낯선 상황에서 스트레스를 느끼는 것은 당연하다. 두려움과 스트레스를 극복하려면 용기가 필요하다. 스스로 결정하고 행동하는 기회는 용기의 밑바탕이 된다. 엄마의 따뜻한 말은 용기를 주는 엄마의 말은 포기하려던 마음을 일으켜 세우는 훌륭한 에너지다. 나아가 아이 내면에 숨어있던 열정을 깨운다. 엄마의 말 한마디에 의욕이 샘솟는 아이들이다. 용기가 생길수록 두려운 감정을 조절하며 다음 단계로 나아간다.

아이가 다칠까 봐, 지름길을 알려주고 싶어서. 하지만 부모의 참견이 오히려 세상을 두렵게 하고 무섭게 만든다. 엄마 등 뒤로 숨는 순간 아이는 무기력해진다. 부모의 역할은 아이가 두려움의 풍랑에 맞설 수 있게 말과 행동으로 꿋꿋하게 지지하는 것이다.

유난히 어떤 일에 망설이고 시작조차 하지 못하는 아이가 있다. 머릿속으로는 하고 싶은 일이 있지만 행동으로는 옮기지는 못하는 아이다. 하지만 세상일은 생각만 해서는 아무것도 완성되지 않는다. 세계를 뒤흔든 업적의 위인들은 실패의 위험을 감수하고 세상을 변화시켰다. 실패에 대한 두려움이 없었던 것이 아니라, 위험을 감수할 만큼 가치가 있는 일이라 기꺼이 용기를 낸 것이다. 위험을 감수하는 자세는 다른 사람들의 평가, 반대, 비웃음에 연연하지 않는 힘에서 나온다. 우리가 생각하는 것 이상으로 아이는 크고 강한 존재라는 것을 잊지 말자.

역경을 이길 수 있게 용기를 주는 말

어떻게 하면 완성할 수 있을까?

어떤 방법이 좋을 것 같아?

이거 대신 다른 방법에 대해 생각한 거 있어?

쉬운 단계부터 하는 건 어때?

이제 스스로 할 수 있을 것 같아. 도전해 볼까?

역경 앞에서 포기하게 하는 말

시간 낭비하지 말고 엄마가 알려주는 대로 해.

뭘 그렇게 생각해? 대충해.

지난 번에도 네가 고집부려서 이렇게 했는데 망가졌잖아.

네 멋대로하면 망가진다고 경고했어.

너 하고 싶은대로 살아. 엄마는 앞으로 참견 안할게.

27

그림책을 읽을 때
자주 하면 좋은
엄마의 말

책을 읽는 것은 나의 미래를 만드는 것과 같다.
- 에디슨

아이의 어휘력을 높이는 엄마의 말

『하루 15분 책읽어주기의 힘』의 저자인 미국의 교육자 짐 트렐리스(Jim Trelease)는 소리 내어 책을 읽어주는 것이 매우 중요하다고 주장했다. 그림책을 읽는 엄마의 목소리를 통해 접하는 다채로운 그림과 흥미로운 스토리는 아이의 상상력과 비판적 사고 능력을 자극하는 훌륭한 매개체가 된다고 했다. 아이의 어휘력 향상의 핵심은 대화다. 그림책으로 만나는 풍부한 콘텐츠는 질 높은 대화를 하도록 도와준다.

그림책을 읽을 때 "무엇을" "어떻게" "만약, ~한다면" "왜"라는 말을 자주 한다면 아이의 사고력을 키울 수 있다. 이 말은 정해진 답을 요구하지 않고, 아이의 머릿속에 있는 상상을 자유롭게 외부로 끌어내는 질문이다. 아이는 느낌과 생각을 표현하고 자신이 알고 있는 단어를 연결해 문장을 만든다. 이런 과정은 어휘력을 높이고, 책에 대한 긍정적 관심을 보이며 스스로 독서할 수 있는 동기부여를 만들어 준다.

그림책은 아이가 태어나 처음으로 만나는 문학 작품이다. 엄마가 읽어주는 그림책으로 세상을 만나고 지식과 삶의 필요한 가치를 배운다. 그림책을 잘 활용하면 질 높은 대화를 할 수 있으며 생각의 폭을 확대할 수 있다. 아이의 인생에서 독서를 어떻게 할 것인지는 엄마의 역할에 달려 있다.

그림책으로 생각하는 힘을 키우는 엄마의 말

어릴수록 책에 집중하는 시간이 짧다. 아이의 호기심을 끌 수 있는 어조와 몸짓으로 그림책을 읽어주는 것이 필요하다. 목소리를 변형하거나 손 인형, 놀잇감, 행동을 구연하면 아이들의 집중력은 높아진다. 아이가 선택했어도 글밥이 많아 읽는 데 시간이 많이 소요되거나 어려운 내용이라면 아이는 금세 흥미를 잃어버린다. 이때는 아이가 알아들을 수 있도록 그림책 주제나 의미는 유지한 채 글 밥 자체를 줄여 읽는 것이 좋다.

그림책 표지를 보며 주인공을 상상하고, 표지 그림을 묘사하는 대화도 좋다. 그림책은 표지부터가 시작이다. 그림책 속의 한 장면이 표지가 될 때도 있고, 새로운 그림이 표지가 될 때도 있다. 제목을 가리고 그림만 보고서 제목을 예측하는 질문도 재미있다. 이런 질문으로 책에 대한 궁금증을 키울 수 있다.

수준이 높은 질문은 따로 있다. 아이가 반응할 수 있는 질문이다. 개방적 질문, 확산적 질문, 추론적 질문, 경험과 연결짓는 질문은 읽는 효과를 극대화한다. 질문을 받으면 아이는 문제 해결을 위해 탐색을 시작한다. 다양한 감정을 이해하려고 하고 등장 인물들끼리의 관계를 이해하려고 한다. 이때 공감 능력과 사회성이 발달한다.

아이 스스로 책을 읽을 수 있을 때가 되면 부모가 따로 읽어

줄 필요가 없다고 생각한다. 그러나 그림책을 읽어 주는 시간은 단지 텍스트만 낭독의 역할만 하는 것은 아니다. 엄마가 목소리를 바꾸어가며 연기력을 높일수록 아이와 엄마의 감정적 교류가 시작된다. 마치 한 배를 탄 것 같은 공감대가 만들어진다.

반복해서 탐색하는 그림책의 가치

아이가 유난히 좋아하는 책이 있다. 집안에 다양한 그림책을 준비한 엄마의 마음이 무색하리만큼 하나의 책에만 집착하기도 한다. 우리 막내는 『달님 안녕』이라는 양장본 그림책을 참 좋아했다. 책이 너덜거릴때까지 몇 번을 반복해서 읽었다. 반복해서 읽다 보니 다음 페이지로 넘어가기도 전에 아이는 다음 페이지의 장면을 상상했다. 손과 몸짓을 이용해서 구름 아저씨가 달님을 가렸다며 "구름 아따띠, 저리 가!"라고 말했다.

아이가 책 하나에만 집착한다면, 관심을 돌려서 다른 책으로 유도하는 게 좋을까? 계속해서 같은 책을 읽는 게 좋을까? 반복해서 읽어 주는 것이 더 효과적이다, 라는 것이 나의 생각이다.

"오늘은 뭐 읽을까? 골라와." "엄마, 이거 읽어줘." "또 읽고 싶구나. 어떤 부분이 제일 좋아?" "사자 등에 타고 집에 갔을 때가 제일 좋아." "그래? 엄마도 읽으면서 그 부분을 더 자세히 볼게."

아이에게 친숙함은 편안함과 안정감을 준다. 그림책을 반복해서 읽으면 즐거운 경험이 일관되게 축적되어 안정된 정서가 형성된다. 반복 독서는 다음에 무슨 일이 일어날지 예측하게 한다. 예측 프로세스는 원인과 결과 관계를 이해하도록 돕고, 비판적 사고 능력을 향상시킨다. 그리고 자신이 아는 것을 자신감 있게 말할 수 있도록 해준다.

아이는 여러 번 읽으면서 이야기, 인물, 주제에 대해 깊이 파고든다. 단 한 번의 독서로는 명확하지 않았던 연결을 자신만의 방법으로 소화한다. 책의 내용을 기억하고, 연상하고, 상상하며 인지 능력을 높여간다. 반복은 어휘력 향상에도 효과적이다. 같은 단어지만 서로 다른 맥락에서 사용된 문구를 접하면서 어휘 활용도 배운다.

아이에게 그림책을 읽어주는 것은 지식 전달만을 의미하지 않는다. 그 자체가 풍부한 상호작용이다. 그림책을 넘길 때마다 펼쳐지는 세상은 재미있고 즐거운 곳이다. 한 번에 다 읽지 않아도 된다. 천천히 그림책에 담긴 시각적 요소를 탐색하고 느긋하고 재미있게 읽자. 아이는 글과 그림의 관계를 주의 깊게 살펴보고 그 순간을 공유한다. 그림책으로 아이와의 관계가 친밀해진다는 것은 아주 큰 매력이다. 깊은 대화를 나누는 과정이며, 아이를 상상의 나라로 들어가게 하는 초대장이다.

그림책을 읽으며 어휘력을 높이는 말

엘리슨은 휴지 심으로 무엇을 만드는 중일까?

곰 발자국이 조금 전이랑 다른데? 어떻게 된 거지?

침대 아래에는 뭐가 숨겨져 있을까?

민들레와 여행을 간다면 어디로 가고 싶니?

새싹이 자라면 어떤 꽃이 될 것 같아?

그림책 읽기가 재미없어지는 말

이게 뭐라고 했지? 금방 봤잖아.

이 글자는 뭐라고 읽어?

지금 여기 읽을 차례야. 순서대로 읽는 거야.

내용이 그게 아니잖아. 엄마한테 들키면 혼날까 봐 숨은 거잖아. 똑바로 안들을 거야?

바른 자세로 들어.

28

문제 행동을
잠재우는
엄마의 말

아이들의 문제행동을 해결하는 데 있어
정해진 정답은 없다는 것을 명심해라.
- 디나 제이슨

해결하지 못한 욕구불만 "문제 행동"

"원장님, 지민이가(네 살) 요즘 이상해요. 어머니께서는 아프지도 않고 아무 일도 없다고 하세요. 그런데 활발했던 아이가 눈의 촛점도 없고 누워서 뒹굴뒹굴하기만 해요."

내가 원장을 맡고 있던 어린이집 담임교사의 말이었다. 그렇게 며칠이 지난 어느 날 다시 급히 도움 요청이 왔다. 아이가 교구장의 놀잇감을 사정없이 던지고 소리를 지르며 울고 있다고 했다. 이런 경우, 사고 위험이 있을 수 있다. 나는 같은 반 친구들을 다른 공간으로 보낸 후, 지민이와 단둘이 교실에 남아 대화를 시도했다.

"화가 많이 났네, 우리 지민이! **[공감]**화내도 돼. **[제한]**그런데 던지지는 마. **[설명 및 한계]**지민이가 던지는 놀잇감에 맞아서 누군가 다칠 수도 있거든. 사람을 아프게 하면 안 돼. **[대안]**계속 던지고 싶어? 그렇다면 사람이 없는 저기에 던져(빈 교구장을 보며). **[기다림]**지민이가 던지지 않을 때까지 기다릴게."

아이가 흥분했을 때는 바로 눈을 마주치지 말고, 아이의 어깨나 인중 쪽을 지긋이 응시해야 한다. 눈을 마주치면 더 흥분할 수 있다. 몸에 손만 대도 거칠게 반항을 하던 지민이가 어느 순간 진정이 되었다. 그리고 거친 숨을 깊게 내쉬었다. 연락을 받고 온 지민이 엄마는 교실 밖에서 우리 모습을 지켜보며 숨

죽여 울고 있었다.

지민이네는 부부싸움이 평소에 잦았다고 한다. 그런데 며칠 전, 부부싸움 중 거울이 깨지는 등 큰 소리가 났고, 이웃의 신고로 경찰까지 왔다고 했다. 엄마 손에서는 피가 났는데, 그 모습을 지민이가 모두 지켜보았다고 했다. 그 이후 아이는 며칠 동안 무기력한 모습을 보이다 갑자기 공격적인 행동을 표출한 것이었다. 이 일이 있은 후에도 문제 행동이 심해져 결국에는 전문 기관의 놀이치료를 받았다.

아이의 문제 행동 이면에는 표현하고 싶은 메시지가 있다. 문제 행동 배후에는 그 행동을 할 수밖에 없는 아이 나름대로의 이유가 있다. 해결하지 못한 욕구불만이나 갈등이다. 본질적인 문제가 해결되지 않으면 당장은 개선되는 듯하나 얼마 못가 또 다른 문제 행동으로 반드시 나타난다. 그러므로 아이가 해결하지 못한 욕구가 무엇인지 관심을 가지고 지켜보는 것이 중요하다.

문제 행동을 만드는 부모의 말

육아를 하다 보면 내 아이의 장점보다 단점이 크게 보일 때가 많다. 다른 사람의 눈에는 의젓하고 모범적인 아이인데, 내

눈에는 늘 부족하고 불안해 보인다. 그래서 부모 자신도 모르게 아이를 몰아붙이고, 때로는 부정적인 말을 내뱉어 아이에게 상처를 줄 때가 있다.

막내가 거실 바닥에서 점토 놀이를 하고 있어서 위에 올려놓으라고 말했다. 저녁 먹을 시간이라 바쁘게 밥을 차리고 있는데, 식탁 위에 점토를 올려놓는 아이를 보며 타박을 했다. 그런데 아이가 시무룩한 얼굴로 다가와 말했다. "엄마가 위에 올려놓으라고 했잖아. 여기는 위가 아니야?" 아이의 말에 할 말이 없어지는 순간이었다. 아이는 엄마 말대로 행동했다. 구체적으로 말하지 않은 나의 문제였다.

아이에게 사용하는 말이 구체적인지, 추상적인지 살펴볼 필요가 있다. '조금만' 보고 끄라는 말은 성인에게조차도 어렵고 추상적인 개념이다. 아이에게 '조금만'이라고 말하고, 엄마가 원하는 시간에 맞춰 움직이기를 바라는 것은 욕심이다. 왜 예의를 갖추어야 하는지, 왜 바른말을 써야 하는지 구체적으로 설명하지 않으면 아이는 이해하지 못한다.

엄마의 말을 알아듣지 못한 아이는 자연스럽게 무능감과 불안감을 느낀다. 자신감도 떨어질 수밖에 없다. 엄마인 내가 추상적으로 말한 후, 아이를 문제아로 만들고 있지는 않은지 뒤돌아봐야 한다. 문제를 해결할 수 있게 아이 수준에 맞게 간결하고 쉽게 구체적으로 대안을 제시하는 것이 중요하다.

반복되는 문제 행동을 해결하는 법

워킹맘이 늘어남에 따라 아이가 기관에서 보내는 시간이 증가하고 있지만, 여전히 주 양육자는 엄마다. 여러 연구 결과에 따르면 문제 행동을 보이는 아이는 엄마가 독재적이며 화를 자주 표출하고, 일관적이지 않은 양육 태도를 보인다고 했다. 그리고 과잉보호나 무조건적인 허용도 문제가 되며, 또래나 스마트폰에서 접하는 콘텐츠, 타고난 기질 등도 영향을 미친다고 했다.

문제 행동을 어떻게 보느냐도 중요하다. 교정해야 할 문제로 볼 수도 있고, 자라면서 자연스럽게 없어지는 것으로 볼 수도 있다. 이처럼 동일한 문제를 어떻게 보느냐에 따라 지원 방향과 해석에 많은 차이가 난다. 같은 행동이라도 부모나 교사, 주변 성인이 어떤 관점을 갖느냐에 따라 증상과 문제는 바뀔 수 있다.

던지는 행동으로 신체조절 능력을 키우는 돌 전후에는 "던지고 싶었어? 이건 위험하니까 이 공으로 던져볼까?" 이렇게 유도해야 한다. 엄마하고 놀거나 혼자 이것저것 탐색하는 걸 즐기는 나이라는 걸 바탕에 둔 표현이다. 그리고 언어 표현이 미숙해 친구와의 다툼에서 친구를 물어버린 세 살 아이에게는 그렇게 해서는 안 된다고 알려주어야 한다. 제 뜻대로 되지 않을 때 울기만 하는 다섯 살 아이에게는 "말로 할 수 있지? 울면

네 마음을 알 수 없어"라고 알려주어야 한다.

그런데 그 나이에서 잠시 지나쳐가는 문제 행동이라도 반복 된다면 엄마는 무력감에 빠진다. 심할 경우, 엄마가 감정 제어 를 하지 못하기도 한다. 이럴 때는 오히려 아이의 불안감이 높 아져 문제 행동이 더 강화되는 악순환을 초래할 수 있다. 그리 고 아이의 문제 행동이 가정에서는 나타나지 않고 기관에서만 보이는 경우도 있다. 이럴 때는 왜 그 같은 행동을 하는지 원인 파악이 어렵고, 자칫 부모와 교사가 서로 불신하는 상황에 이 르기도 한다. 아이의 약점이라고 생각하지 말고 허심탄회하게 기관과 협력해서 긍정적으로 문제를 푸는 것이 중요하다.

문제 행동은 아이가 성장하고 있다는 증거다. 문제 행동을 대하는 엄마의 기본 마인드는 '인내'가 아니라 '이해'여야 한다. 아이의 발달을 진지하게 이해하려는 노력이 있다면, 지금의 문 제 행동이 아이 발달에 적합한 것인지 그렇지 않은 것인지 판 단할 수 있다. 섣불리 아이를 공격적이다, 반항적이다, 이렇게 결론 내리지 않았으면 한다. 삶의 경험과 기술이 부족할 뿐이 다. 아이 욕구에 잘 반응하면 자기조절 능력을 향상시키는 데 필요한 뇌 회로 형성이 잘 된다. 아이의 감정은 충분히 읽어주 되, 행동에 대한 적절한 제한과 일관성 있는 태도는 영유아 시 기의 핵심임을 기억하자.

문제 행동을 줄이는 말

엄마가 밥 차릴 때까지만 보는 거야.

알람이 울리면 끄는 거야.

어른이 먼저 인사를 했는데 모른척하면 예의가 없는 거야. 다음에는
    인사해보자.

"에잇, 씨"라는 말은 다른 사람에게 불편한 말이야. 누구도 네가 왜 화
    났는지 알 수 없는 말이거든. "하지 마, 불편해"라고 말해보는 건
    어때?

식탁은 밥 먹는 곳이니까 네 책상 위에 올려놓으렴.

문제 행동을 만드는 말

조금만 보고 끈다고 약속했잖아. 당장 꺼!

바른말 사용해.

왜 이렇게 버릇이 없어! 어른에게는 예의가 있어야 해.

발로 밟지 말고, 위에 올려놓으라고 몇 번을 말하니!

너는 이래선 안 되는 거야.

3장 – 실천편(2)

초등생을 위한
엄마의 말습관

29

기억해야 할
초등학생 특징
세 가지

인성교육이란 따스함 교육이다.
- 권영애

행복한 삶에 좋은 "인성"은 중요한 기본

경제적으로 풍요롭고 문화적으로 편리해졌다. 그러나 동시에 심각한 도덕성 상실, 정신적 공허, 가치 왜곡도 함께 경험하고 있다. 개인의 삶이 강조되면서 공동체성은 점점 설 자리를 잃어간다. 이런 걱정은 교육 현장에서도 여과 없이 드러난다. 학교 폭력이나 교권 추락 등이 그러한 예다.

예상하지 못했던 사회의 크고 작은 이슈가 터질 때마다 모두가 인성의 중요성을 말하지만, 언제나 그때뿐이다. 인성은 사람다움의 가치이며, 인간이라면 마땅히 추구해야 할 품성, 덕목, 마음씨, 사람 됨됨이다. 하지만 많은 부모의 일관된 관심은 자녀의 지적인 영역뿐이다. 결국 입시를 향한 경쟁 속에서 인성 교육은 점점 소홀해지고 만다.

아리스토텔레스는 경험과 연습을 통해 옳은 일에 대한 바른 인식과 좋은 행동이 습관화되는 상태를 인성이라고 했다. 『니코마코스 윤리학』에서는 사람은 태어날 때부터 백지상태인데, 환경, 교육, 양육에서 나쁘거나 좋은 습관이 형성되어야 인성이 된다고 했다. 그리고 인성 교육의 필요성에 대해 '행복을 위함'이라고 강조했다.

인성을 교육한다는 것은 가슴이 따뜻한 아이로 가르치는 것을 말한다. 자기중심적 태도에서 벗어나 타인과의 바른 관계를 형성하기 위해서는 꼭 필요한 일이지만 일회성 교육이나 프로그램 등으로는 쉽사리 효과를 거두기가 어렵다.

바른길을 선택하는 힘 "도덕성"

도덕성은 다른 사람들과 어울려 살아가는 데 필요한 규칙을 지키는 힘이다. 초등학생 시절은 인간다운 삶을 살아가는 데 필요한 기초 자질을 배우는 시기다.

"너는 어떤 사람이 되고 싶니?"라는 질문은 도덕성을 키우고 윤리적 부분을 생각하는 힘을 길러준다. 질문의 초점은 바른 삶을 살아가는 가치를 묻는 것이다. '남에게 대접받고 싶은 대로 너희도 남을 대접하라'라는 성경 구절이 있다. 흔히 '황금률'이라고 한다. 타인이 나에게 하지 않았으면 하는 행동은 나도 타인에게 하지 않는 것이다. 이는 인간관계의 기본으로 종교와 도덕, 철학에서의 윤리 원칙과 다름없다. 도덕성을 준수하기 위해서는 용기와 의지가 필요하다. 하지만 어른들에게도 어려운 일이다. 아이에게 도덕성을 가르치기 위해서는 부모부터 이를 잘 지키는 노력을 보여야 한다.

그리고 한 가지 깊이 생각해 봐야 할 것은 아이의 도덕성 문제를 판단할 때 어긋난 행동이 있더라도 인격적으로 나쁜 아이라고 판단을 해서는 안 된다는 것이다. 아직은 미성숙한 아이들이다. 아이에 대한 잘못된 판단은 낙인이 되어 아이의 평생을 지배한다. 왜 그런 행동을 했는지 원인을 파악하고 애정을 기반으로 함께 대화하는 것이 필요하다.

역경을 이기는 힘 "그릿"(GRIT)

그릿(GRIT)은 책 『그릿』으로 유명한 미국의 심리학자인 앤절라 더크워스(Angela Duckworth)에 의해 개념화되었다. 그릿은 Growth(성장), Resilience(회복력), Intrinsic motivation(내적 동기), Tenacity(끈기)의 약자이다. 그릿은 장기적인 목표에 도달하기 위해 필요한 끈기와 열정을 의미한다. 긍정심리학에 뿌리를 두고 강점, 성공, 행복 등과 함께 발달을 도모하는 힘이다.

어느 분야에서든 뛰어난 성취를 보이는 사람들의 공통적인 특성 중 가장 돋보이는 것이 그릿이다. 그릿이 높은 사람은 아무리 어려운 역경이 있더라도 목표한 바를 위해 끝까지 에너지를 유지한다. 그릿이 높은 아이도 학습의 내용과 평가를 잘 받아들인다. 아이에게 가르쳐야 할 것 역시도 목적한 바를 끈기와 열정으로 이루도록 노력하는 것이지 좋은 결과(성과)를 내는 것 자체는 아니다.

그릿은 짧은 시간에 형성될 수 없다. 부족한 부분을 인식하고 부단히 연습하고 성장에 필요한 피드백을 받을 때 만들어진다. 아이의 능력에 믿음을 보내야 한다. 끈기와 성실이 재능을 이긴다는 사실을 잊지 말자.

초등학생이 되면 이전보다 좀 더 복잡한 수준의 사회성이 필요하다. 요즘 아이들은 부모의 적극적인 교육열로 자신의 능력을 드러내는 데는 익숙하지만, 다른 사람을 인정하고 배려하는 것에는 서투르다. 이 시기는 도덕성과 좋은 인성, 역경과 고난에서도 포기하지 않는 그릿을 키워주는 것이 핵심이다. 도덕성은 사회에서 원하는 인성의 기초이다. 인성은 평생동안 가꾸는 것으로 생각, 언어, 태도로 나타난다. 도덕성과 인성은 그릿과 밀접한 관련이 있다. 타인과 더불어 잘살 수 있는 사회 기술을 공부보다도 더 잘 가르쳐야 하는 시기가 초등학생 시기이다.

아이의 인성 발달에 도움이 되는 말

큰 소리로 떠들면 다른 사람들이 불편해.

그네를 타려고 다른 친구가 오랫동안 기다렸지? 이제 친구에게 양보

하고 우리는 다른 거 타볼까?

친구가 양보해줬네. 고맙다고 말해줄까?

친구가 바로 옆에 있는데 귓속말을 하면 불쾌감을 줄 수 있단다.

속상했겠네. 일단 선생님께서 왜 그렇게 하셨는지 이유가 있을 거야.

내일 여쭤본 후 다시 얘기해 보자.

아이의 인성을 망치는 말

다른 사람은 중요하지 않아. 네가 제일 중요한 거야.

눈치보지 말고 너 하고 싶은 대로 해.

갖고 싶은 거 다 말해. 엄마가 원하는 건 다 해줄게.

공부만 잘하면 돼. 다른 건 필요없어.

기막혀, 선생님이 정말 그렇게 말했어?

그릿 수준을 높이는 말

[즐거운 활동하기] 엄마랑 보드게임 할까?

[권리 인정하기] 혼자 있고 싶구나! 진정되면 나올래?

[자유 허락하기] 네 생각대로 해. 그런데 계속 놀면 과제물이 쌓여서 문제가 될 수 있다는 건 꼭 기억해.

[방법 제시하기] 어렵게 느껴지는구나. 두 가지 해결 방법이 있는데 어떤 것이 더 좋을지 생각해 봐.

그릿 수준을 낮추는 말

[고민 무시하기] 별것도 아닌데 고민하고 그래?

[부모가 결정하기] 검은색 가방은 옷이랑 안 어울려. 이게 좋겠어.

[아이 의견 무시하기] 엄마가 하라면 해. 다 너를 위한 거잖아.

[무조건 허용하기] 네 마음이 중요해. 하고 싶은 대로 다 해.

30

잔뜩 화가 난 아이에게 필요한 말

인간을 만드는 것이 이성이라면
인간을 이끌어 가는 것은 감정이다.
- 루소

감정의 안전지대, 엄마

아이는 왜 던지고 싶은지, 왜 짜증이 나는지 스스로 이유를 설명하지 못한다. 자신의 감정이 이해되지 않으면 불안하다. 두려움에 떨 수도 있고, 울 수도 있다. 이때 누군가가 자신을 든든하게 응원하고 있음을 아는 것만큼 중요한 게 없다. 아이에게 제일 좋은 사람은 엄마다. 엄마가 함께 있어 주면 아이는 부정적인 감정에서 벗어날 수 있다. 어떤 감정을 표현하더라도 받아주는 안전한 환경은 감정의 실체를 알아가는 첫 단추이다.

아이가 부정적인 감정을 표현할 때는 어떻게 해야 할까? 보는 것만으로도 가슴이 답답하고 어떻게든 해결해주고 싶다. 하지만 기다리며 지켜봐야 한다. 설사 아이 스스로 자신이 한 실수 때문에 짜증을 내더라도, 아이 탓을 하지 않고 그대로 수용하는 것이 중요하다. 부모로부터 무시당한 기억은 아이의 내면을 아프게 하고 분노로 남는다. 아이는 부모가 자신의 감정을 수용해주는 과정을 보면서 다른 사람의 감정을 수용하는 법을 배운다. 감정을 인식하고 이를 받아들이는 반복적인 경험이 필요한 이유다.

인간의 대뇌는 추론, 문제 해결, 의사결정을 포함한 모든 인지를 담당한다. 뇌의 변연계는 주로 감정을 담당한다. 심리학자 다니엘 골먼(Daniel Goleman)은 책 『EQ 감성 지능』에서 해결되지 않은 부정적인 감정은 대뇌 활동에 방해된다고 말했다. 부정적 감정에 휩싸이면 이성적 사고를 하지 못하는 이유가 이 때문이다.

알아주기만 해도 회복되는 감정

아이의 감정을 온전히 인정하고 수용하기 위해서는 몇 가지 알아야 할 것이 있다.

첫 째, 아이의 생각을 앞서서 판단하지 않는 것이다. 아이에 대해 누구보다 잘 안다고 판단하는 것이 엄마다. 아이가 말하기도 전에 먼저 결론을 내리고 통제하려 든다. 물론 부모의 판단은 객관적이고 일리가 있다. 그러나 이러한 개입은 아이의 약점을 지적하고 의지를 꺾게 한다.

둘 째, 과거의 일을 언급하지 않는 것이다. 잘못에 대한 엄마의 기억은 영재급이다. 다시는 같은 잘못과 실수를 겪게 하고 싶지 않은 마음에 과거를 소환한다. 하지만 과거의 기억으로 대화를 시작하면 '또 시작이야'라는 반응으로 아이는 마음을 닫는다. 아이의 감정을 수용하기 위해서는 현재에 초점을 맞춰야 한다.

"속상하구나" "힘들지"라는 공감의 말을 해야 한다는 것은 알고 있지만 쉽사리 입에서 나오지 않는다. 누군가의 감정을 읽어준 경험이 부족해서 그렇다. 하지만 세상은 바뀌었다. 의무감을 갖고서 아이의 감정을 잘 읽을 수 있도록 노력해야 한다.

부모를 통해 배우는 감정 조절

몹시 피곤하거나 스트레스가 쌓이면 감정 또한 다운된다. 이럴 때는 운동을 하거나 좋아하는 노래를 소리 높여 듣는다. 때로는 눈물을 배출하기도 한다. 감정을 충분히 느끼며 부정적인 생각을 밀어내는 나만의 방법이다.

어느 날 가족 모두가 잠든 새벽, 늦게까지 일하고 돌아와 음악을 듣다 아이들 생각에 눈물이 나기 시작했다. 그때 막내가 잠결에 나왔다.

"엄마 왜 울어?" "하온이도 가끔씩 기분이 안 좋을 때 있지?" "응." "엄마도 오늘은 그런 날이네. 하온이 때문이 아니라 엄마 마음이 울고 싶은 날이라서 그래. 울고 나면 괜찮아져. 걱정하지 않아도 돼."

갑작스러운 새벽 기습에 당황스러웠지만 아이에게 침착하게 나의 감정에 대해 말해주었다. 막내는 가만히 응시하더니 나를 꼭 안아주고 목덜미에 자신의 볼을 비볐다. 깊은 밤, 말할 수 없을 정도의 큰 위로의 선물을 받았다.

부모와의 편안한 관계에서 여러 정서를 경험하며 자신의 감정을 조절하는 방법을 배워야 한다. 우리가 자주 사용하는 감정 단어는 추상적이어서 아이가 바로 이해하기 어렵다. 그래서 어떤 상황에서 어떤 감정이 드는지 쉬운 말로 알려주고 그 감정을 떨치기 위해 어떤 일을 하고 있는지 자세히 알려주는 것이 중요하다. 그러면 아이는 다른 사람의 감정을 이해하고 향후 자신의 감정조절 기술도 배우게 된다.

어떤 상황에서도 잘 대응할 수 있게 감정 조절 능력을 키우는 것이 중요하다. 화를 내는 것이 무조건 나쁜 것은 아니다. 마음속에 쌓아두기보다는 표출하는 것이 좋다. 문제는 화난 감정을 행동으로 옮길 때이다. 행동은 상당한 에너지를 소모하게 하고 주변 사람을 힘들게 한다. 자칫 분노조절장애가 될 수도 있다. 자신의 감정을 조절하는 것은 향후 어른이 되어서도 매우 필요하다. 잘 조절된 감정은 정서지능 발달로 이어진다. 아이가 자신의 감정을 알아차리고 편안하게 말로 표현할 수 있는 분위기를 만들자.

아이의 감정을 인정하는 말

마음에 안 드는 것이 있어서 속상하구나.

이런, 빨리 마치고 싶은데 분량이 많게 느껴지는구나.

어렵겠네. 더 생각해 보고 도움이 필요하면 엄마 불러.

속상하면 눈물이 나더라. 엄마도 그래. 이리와, 안아줄게.

어려워서 당황했구나.

아이의 감정을 외면하는 말

맞는 말인데 뭐가 화나는 건데?

엄살 피우지 마. 너만 힘든 거 아니야.

왜 짜증이야, 이 정도는 쉽게 할 수 있잖아.

울 일도 아닌데 또 운다.

다른 애들은 다 할 줄 아는데 뭐가 속상하다고 그래?

31

인기 있는
아이로 만드는
엄마의 말

인간 행복의 90%는 인간관계에 달려 있다.

– 키에르 케골

공감능력은 사회성의 초석

아이는 친구와 관계를 만들고 유지하는 과정에서 민주주의의 기초를 배운다. 양보와 배려를 배우고 타인의 기분을 이해하고 공감하는 법을 배운다. 초등시기는 엄마의 영향력이나 관리가 이전보다 줄어들고 친구의 영향력은 커지는 시기다. 무엇을 잘하고, 무엇이 부족한지 친구와 비교하며 자신을 평가하는 시기이기도 하다.

초등학생이 되면서 다른 사람의 입장을 이해하고 상대방의 의도를 파악하는 안목이 만들어진다. 친구와 다투고 토라졌다 화해하는 과정을 반복하면서 인간 관계를 배우고, 점점 더 학교라는 사회적 공간의 규범을 경험한다. 학교에서 요구하는 가치관을 서서히 알아가는 이 시기는 사회적 기술이 꽃 피는 중요한 때이다.

타인의 아픔이나 기쁨에 공감하는 능력은 사회성과 리더십을 기르는 핵심 요건이다. 친구와 잘 어울리려면 관계를 맺는 것도 중요하지만 잘 유지하는 것도 중요하다. 아이가 친구와의 관계에서 어려움을 겪고 있다면, 친구를 존중하는 마음이 부족하거나 공감 능력이 떨어지는 것은 아닌지 살펴야 한다. 그리고 또래와 사귀며 겪는 다양한 상황에 대처하는 융통성이 부족한 것은 아닌지 살펴봐야 한다.

사회성의 핵심은 타인에 대한 배려다. 다른 말로 '에티켓'과 '매너'다. 다른 사람을 배려하고 존중할 때 나 역시도 존중받는다. 굳이 애쓰지 않아도 부모가 알아서 해결해 준다고 생각해 타인의 마음을 알려고 하거나 헤아리지 않는 아이가 있다. 그냥 자기만 생각하거나 주변 상황에 무심한 아이다. 이렇게 되면 일종의 이기적인 아이가 된다.

양육 태도로 길러지는 아이의 사회성

사회성 문제는 어느 날 갑자기 나타나지 않는다. 문제가 있는 아이는 이미 영유아 때부터 어려움을 겪는다. 그러다 학교에서 친구들과 어울리지 못하면 여러 다른 문제와 섞여 문제 행동으로 나타난다. 아이 입장에서는 또래와 어울리지 못하는 하루하루는 고통의 시간이다.

한 조사에 따르면 학교생활에 어려움을 겪는 아이들의 양육 환경을 살펴보았더니 부모가 자녀의 의견과 감정을 무시하거나, 말을 듣지 않는다고 해서 체벌하거나, 방관하는 경우가 대부분이었다(이런 상황에서 가장 무서운 것은 무관심으로 육아 자체를 포기하는 경우이다). 성격과 인성이 바르게 형성되기 위해서 부모의 관심과 보호가 절대적으로 필요하다. 부모로부터 적절한 지원을 받지 못한다면 아이는 사회에 불만을 표출하며 여러 문제를 일으킨다.

아이의 자율성을 권장하는(방임이 아니다) 양육 방식은 공감능력을 발달시킨다. 하지만 통제적이고 독재적인 양육 방식은 공감능력을 낮춘다. 특히 과잉보호는 아이를 나약하고 의존적으로 만들어 스스로 할 수 없다는 무력감을 분노와 공격성으로 표출하도록 한다.

친구와 사이좋게 지내고 싶지만, 생각과 감정을 표현하는 능력이 부족해 엉뚱한 행동(신체적 언어적 폭력)으로 나타난다면 아이의 남은 인생은 얼마나 복잡해질까. 집에서 부모와 나누는 대화가 중요한 이유이다.

아이의 사회성을 높이는 엄마의 도움

막내가 초등학교 1학년 때, 친구로부터 "너 말 못해?"라는 말을 들었다. 선생님께서는 아이가 자기표현을 너무 하지 않아 걱정이라며 전화를 하기도 했다. 아이가 내성적이거나 소심해서 자신의 의견을 표현하지 않으면 엄마의 마음은 타들어 간다. 세상의 모든 엄마는 내 아이가 발표도 잘하고 또래와 잘 어울리며 친구들을 리드하기를 원한다.

초등학교 3학년이 된 어느 날 "엄마, 나 이제 발표 잘해. 내가 손들고 발표해서 칭찬도 받았어"라고 말했다. 막내는 자신의 마음이 편안해지자 자발적으로 손을 들기 시작했다. 가족과의 대화에서는 문제가 전혀 없었기에 굳이 보채지 않고 기다린 결과였다. 하지만 그때까지 기다리는 것은 엄마 입장에서는 무척 답답한 노릇이다. 그렇지만 적응의 시간이 필요한 아이라면 무조건 기다리는 게 답이다.

아이가 내향적인 기질이지만, 스스로 이에 대한 불편함을 느끼지 않는다면 너무 걱정하지 않아도 된다. 다만 아이가 또래에게 지속적으로 무시를 당하고 더더욱 적극적이 되지 못한다면 심각하게 생각하고 빠른 대처가 필요하다.

엄마는 먼저 학교생활과 친구 관계를 점검해야 한다. 그리고 친구들과 있을 때 아이가 어떻게 행동하는지 관찰해야 한다. 아이와 직접적으로 대화를 해보는 것도 좋다. 그러나 아이의 말만 듣고 모든 정황을 판단하기에는 어려움이 있다. 선생님이나 아이 친구 그리고 주변 사람들의 말을 종합적으로 들어본 후 객관적으로 판단하고 지원하는 것이 중요하다. 이때 엄마는 자신의 조급증을 주의해야 한다. 아이가 상황을 솔직하게 말할 때 성급하게 해석하거나 부정적인 피드백을 해서는 안 된다. 그러면, 아이는 엄마가 자신을 책망한다고 생각하고 다시는 솔직하게 말하지 않는다. 엄마의 중요한 과업은 아이가 친구와 원활한 관계를 맺을 수 있도록 사회적 기술을 쉬운 것부터 차근히 알려주는 것이다. 친구를 집에 초대하는 것도 좋은 방법이며, 만날 기회를 자주 갖게 해주는 것도 좋다.

　무난하게 학교생활을 잘하는 아이가 있는가 하면, 반대로 상처를 받고 힘들어하는 아이도 있다. 왜 이런 차이가 나타나는 걸까? 안타깝게도 또래 관계에 어려움을 보이는 아이들 대부분은 다른 사람들이 자신을 좋아하지 않는다고 생각한다. 자존감이 낮은 것이다. 선생님이 자신을 차별한다고 생각하고, 친구들도 자신을 무시한다는 식의 피해 의식을 갖고 있다. 안타까운 것은 사회적 기술을 몰라 관계가 악화될 때다. 사회성의 출발은 가정에서부터라는 것을 잊지 말자. 부모와 주변 사람들을 경험하고 관계를 배우면서 전수받는 것이 사회성이다. 만약 우리 아이가 사회성에 문제를 보인다면, 나의 양육 태도부터 점검하자.

공감 능력을 키워주는 말

약속 시각에 아무도 나오지 않아서 기분이 어땠어?

열심히 만들어서 전시회에서 2등을 했을 때 함께 만든 친구들은 뭐라
고 했어? 왜 그렇게 말했을까?

선생님께서는 왜 조용히 하라고 하셨을까?

만약 네가 반장이라면 넌 뭐라고 말할 것 같아?

은지는 기분이 안 좋을 수밖에 없었을 거야. 네가 소리를 질러서 당황
했겠지.

공감 능력을 떨어뜨리는 말

왜 이렇게 토를 달아? 하라는 대로 해.

친구들이 그러니까 너를 싫어하는 거야. 나라도 싫어.

그런 말 하면 못써. 차라리 걔랑 놀지 마.

친구가 한 명밖에 없어? 다른 친구랑 놀아.

말로 하면 듣지를 않아.

사회성을 높이는 말

친구와 싸워서 속상하구나. 어떤 부분이 가장 속상했어?

친구는 왜 그랬을까?

엄마 생각에는 소리 지를 일은 아니었던 것 같아. 짜증이 좀 나는 상
황이었던 것 같은데, 너는 어떻게 생각해?

상황이 어려웠을 텐데 잘 해결했구나.

친구가 항상 옳은 것은 아니야. 그 친구의 말이 정말 맞는지 곰곰이 생
각해 봐. 맞지 않다면 이렇게까지 영향을 받고 힘들어 할 필요는
없단다. 하지만 엄마라도 속상했을 거야.

사회성을 낮추는 말

걱정하지 마. 엄마가 다 알아서 할게.

너는 가만히 있어. 엄마가 말할게.

너를 화나게 한 친구, 엄마가 용서하지 않을 거야.

싫으면 엄마가 선생님께 말해서 짝꿍 바꿔줄게.

결과는 걱정하지 말고 너 하고 싶고, 말하고 싶은 대로 말해.

32

아이의
생각의 폭을 넓히는
엄마의 말

가장 중요한 것은 질문을 멈추지 않는 것이다.
호기심은 그 자체만으로도 존재의 이유가 있다.
- 아인슈타인

문제 해결력의 중요성

인생은 문제 해결의 연속이다. 꼭 필요한 데 때마침 없는 것이라든가, 있기는 하지만 불편한 것을 문제라고 정의하자. 이러한 문제를 유독 잘 해결하는 사람이 있다. 이들은 어려운 문제를 만나도 당황하지 않는다. 문제가 되는 요인을 잘 파악하고 새로운 대안을 다각적으로 모색해 결과적으로 가장 최적의 해결 방법을 찾아낸다.

아이는 성장하면서 친구와의 관계나 학업의 문제 등 수많은 난제를 만난다. 난제의 위기에 빠졌을 때 아이에게 보이는 부모의 반응은 무척 중요하다. 문제 해결을 잘할 수 있게 대화로써 도와야 한다. 이때 대화의 전제는 믿음이다. 아이가 문제를 잘 판단해서 해결할 거라는 믿음을 바탕으로 대화가 이어져야 아이 스스로 문제를 헤쳐나갈 수 있다.

사회생활을 하다 보면 복잡한 상황에서도 방향을 결정하고 최선의 방안을 제시하는 사람이 있다. 우리는 이들을 '리더'라고 부른다. 무슨 조직이든 문제 앞에서 해결을 망설이거나 회피해버리면 균열이 생긴다. 방향성을 가지고 문제를 해결하는 능력은 리더십의 필수 사항이다. 우리 아이에게도 마찬가지다. 문제 해결력은 결국 자신으로부터 비롯되며, 이러한 자기 결정권은 리더십의 밑바탕이 된다.

문제 해결력을 키우는 질문

동기부여 전문가이자 소통 컨설턴트인 도로시 리즈 (Dorothy Leeds)는 질문의 힘에 대해 다음과 같이 말했다. 첫째, 질문은 답을 하게 만든다. 둘째, 질문은 생각하게 한다. 셋째, 질문은 정보를 습득하게 한다. 넷째, 질문은 감정 통제에 효과적이다. 다섯째, 질문은 마음을 열게 한다. 여섯째, 질문은 경청 능력을 키운다. 일곱째, 질문에 답하는 것은 자신을 설득하는 힘이 있다.

문제해결 능력을 키우는 가장 좋은 방법은 좋은 질문을 건네는 것이다. '엄마는 잘 모른다'라는 뉘앙스로 질문한 후, 아이의 대답을 경청해보자. 아이는 신나게 자신의 의견을 말한다. 엄마는 아이가 스스로 해결 방법을 찾아갈 수 있게 질문을 계속 이어간다. 엄마의 질문에 아이가 여러 가지 생각을 하며 만족할만한 답을 찾아낸다면 반항하거나 고집부리는 일도 현저히 줄어든다.

질문은 궁금한 사항을 환기하는 수단이 아니다. 질문은 답을 찾아내고 언어로 최선의 해결책을 찾아가는 과정이다. 아이는 자신의 말을 근거로 자신이 옳다는 것을 입증하려고 애쓴다. 수많은 생각을 정리하고 최선의 것을 선택한다.

열린 질문 하는 법

질문을 잘하려면 미리 준비하는 것이 좋다. 어떻게 대답할지 예측이 된다면, 좀 더 나은 질문을 준비할 수 있다. 개방형으로 질문하는 것도 중요하다. 정해진 답을 유도하는 질문은 닫힌 질문이다. 아이가 자기 생각을 다양하게 표현할 수 있게 질문하는 것이 개방형 질문이다. 닫힌 질문을 하게 되면 '네, 아니오'로만 답변이 가능하다. 이런 경우 질문을 하는 사람이 대화의 통제권을 쥐는 게 된다. 반면, "왜" "어떻게" "무엇"으로 시작하는 열린 질문은 통제권을 아이에게 넘겨주는 것이다. 아이가 마음껏 답변하며 대화를 이어나가도록 자유를 주는 질문이다. 마지막으로 짧고 간단하게 질문하는 것이 좋다. 장황하게 질문하면 핵심 파악이 어렵다. 질문의 요지를 분명하게 전달하려면 짧게 끊어서 여러 번 질문하는 것이 효과적이다.

아이가 제대로 답하지 않고 "몰라"라고만 할 때가 있다. 이때에도 멈추지 않고 개방형 질문을 계속하는 것이 중요하다. 아이의 생각과 감정을 자극하기 때문이다. 그럼에도 입을 다물고 있다면, "지금 기분이 어때?" "5시에 출발할까? 아니면 6시?" 선택지를 제공하는 질문으로 아이를 도와주는 것이 좋다. 적절한 반응과 함께 아이의 기분을 살피는 것은 필수다. 절대 꼬치꼬치 캐묻는 느낌이 들면 안 된다.

좋은 대화를 리드하는 사람은 대인관계를 맺을 때 유리한 위치에 선다. 엄마가 자신의 말을 최소화하고 아이에게 말할 기회를 더 많이 열어 준다면 아이 삶에 훌륭한 기술을 전수해 주는 것이 된다. 지시하기 전에 아이의 생각을 먼저 물어야 하는 것을 잊지 말자.

질문 자체가 하나의 아이디어로 탄생하기도 하고, 더 많은 탐색과 획기적인 발견을 위한 촉진제가 되기도 한다. 자존감이 높은 아이는 어려운 문제 앞에서도 성공할 거라는 믿음을 갖고 있다. 그래서 끈기와 집중력을 잘 발휘한다. 아이의 문제 해결을 돕는 방법 중 하나가 질문이다. 아이가 의견을 말할 때 인내심을 가지고 충분히 기다려야 한다. 중간에 말을 자르거나 끼어들면 아이의 자아는 상처받는다. 질문하고 답이 나오기까지 정적이 흐르지만 침묵의 분위기가 싫다고 답을 듣기 전에 먼저 말해서는 안 된다. 침묵은 아이가 생각하고 있다는 것을 의미한다.

스스로 결정하는 힘을 높이는 말

숙제해야 하는데 친구가 놀자고 했네. 어떻게 하면 좋을까?

이 중에서 네가 할 수 있는 것은 어떤 거야?

오늘 우리 뭐 할까? 뭐 하고 싶니?

불편한 것을 개선하려면 어떻게 하면 좋을까?

아이를 결정장애로 만드는 말

1시까지 밥 먹고 과학 공부해야 해 그리고 영어 공부한 후 간식먹어
   야 해.

숙제하고 친구 만나.

순서는 엄마가 정할 테니까 너는 엄마 말만 잘 들어.

오늘 할 일은 엄마가 다 정했어.

불편한 건 엄마가 모두 해결할 테니 넌 공부만 하면 돼.

33

동기부여를 하는 엄마의 말

교육은 대화의 연속이고,
대화는 다양한 관점이 있음을 인정하는 것이다.
– 로버트 허친스

다양한 관점으로 세상을 보는 힘

앞으로 5년 이내, 전 세계 7억 개 일자리 중 약 23%가 큰 변화가 겪을 것이라고 한다(2023년 다보스 세계경제포럼 발표). 경제 성장의 약화, 인공지능의 발전, 기후 변화의 위기 등 사회 환경 전체가 뒤바뀌고 있다. 변화의 시기에 잘 적응하려면 새로운 역량이 필요하다. 우리나라는 2015년도에 개정된 교육 과정을 통해 다양한 분야의 융합 지식과 기술을 활용해 새로운 것을 창출하는 창의적 사고를 핵심 역량으로 강조했다. 창의성은 인공지능도 대체될 수 없는 인간의 고유한 영역이다.

우리 아이의 창의성을 키우려면 어떻게 해야 할까? 일단, 박물관, 미술관 같은 다양한 문화 체험이 중요하다. 그리고 창의적인 과제나 프로젝트에 참여해 또래와 협력하는 기회도 필요하다. 아이는 그룹 활동을 통해 팀워크, 의사소통, 다양한 관점의 가치를 배울 수 있다.

앞으로 아이들은 인공지능의 도움도 많이 받을 것이다. 이미 아이 수준에 맞춰 개별 학습 콘텐츠를 제공하고 자동 채점과 피드백을 하는 서비스가 상용화되고 있다. 인공지능과 같은 새로운 산업을 이해하고 활용하는 능력은 앞으로 매우 중요하게 취급받을 것이다.

몰입의 힘, 내적 동기

창의성과 연관된 심리 요인 중 최근 주목을 받는 것 중 하나가 '동기'다. 왜냐면, 창의성은 자발적인 노력이 있을 때에만 나오기 때문이다. 동기부여는 방향을 결정하고 계속하게 하는 끈기에 해당한다.

동기에는 내적동기와 외적동기가 있다. 내적동기는 일이 흥미롭고 즐거워서, 일이 있다는 것 자체만으로도 신이 나는 것을 말한다. 내적동기는 자발적인 참여와 일 자체의 즐거움이나 기쁨을 느끼도록 한다. 새로운 정보를 수집하고 탐구하고 싶은 열정을 만든다. 반면 외적동기는 구별 가능한 보상이나 결과가 있어야만 동기부여가 된다. 보상이나 결과로 동기부여가 되지 못하면 환경이나 자신을 자책하며 번아웃을 경험한다. (만약, 아이의 성취를 위해 습관적으로 보상을 제시하고 있다면 지금부터라도 되도록 사용하지 않도록 해야 한다.)

아이들은 외부의 압력 및 지원보다 스스로 흥미를 느끼고 만족을 경험할 때 더 큰 도전 의식을 갖는다. 내적동기는 창의적인 일을 할 때 완전히 몰입하게 하는 원천이다. 창의성 발휘의 에너지원이며 태도, 믿음, 가치관의 변화가 일어나도록 하는 원동력이다.

열정과 관심에서 피어나는 창의성

창의성은 관심과 열정에서 피어난다. 열정이란 매우 좋아하고 중요하게 생각하는 일에 정기적인 시간과 에너지를 쏟는 것으로 강한 끌림이라고 할 수 있다. 캐나다의 심리학자 로버트 밸러랜드(Robert J. Vallerand)는 심리학 분야에서 열정을 개념화시킨 분으로 유명하다. 그는 열정에는 두 가지 형태가 있다고 했다.

조화열정은 집착하지 않고 삶의 균형을 이루는 열정이다. 반면 강박열정은 좋아하는 활동을 통해 쾌락이나 자아실현 등 무엇인가를 성취하려는 열정이다. 지금 시대에 주목받는 열정은 강박열정이다. 우리는 고통스럽지만 하나에만 매달리는 강박열정을 바람직한 것으로 생각한다. 성공을 위해서는 고통이 수반되는 열정이 반드시 필요하다고 보고 이러한 열정이 없으면 의지가 없는 것으로 본다.

강박열정은 성취가 목적이기 때문에 불안한 정서를 형성시켜 삶의 갈등, 욕구불만 등 부정적 영향을 초래할 수 있다. 반면 조화열정은 좋아하는 일을 통해 창의적인 활동을 가능하게 한다. 당연히 아이들에게 가르쳐야 할 것은 조화열정이다.

"어제는 어렵다고 포기하더니 오늘 다시 도전하는 거야?"
"응, 나는 완성하고 싶은데 너무 어려워." "200 피스를 도전하는 네가 대단해. 정말 어려워 보이는 데 도움이 필요하면 말해줘."

아이는 성장할수록 열정을 느끼는 일에 의미와 가치를 부여한다. 이것은 경험에 깊이를 더해주고 삶을 풍요롭게 한다. 열정은 취미, 직업, 인간관계, 명분 등 다양한 분야에 적용될 수 있다. 아이가 열정을 발견하고 내적동기로 연결시킨다면 아이 인생은 더 큰 만족과 성취로 이어질 것이다.

창의성이 이 시대의 핵심 역량이라는 것은 누구도 부정하지 않는다. 하지만 주입식 교육만으로는 시대가 원하는 창의적 인재가 될 수 없다. 아이는 창의적인 잠재력을 가지고 태어난다. 하지만 아이가 만나는 환경은 계속해서 잠재력을 억누르도록 한다. 좋아하는 일에 그리고 재미있는 일에 몰두하면 시간 가는 줄 모른다. 자신이 무엇을 좋아하는지 아는 것만큼 중요한 것은 없다. 창의력은 재미와 흥미로 비롯된 호기심에서 출발한다. 좋아하는 일이 무엇인지 스스로 찾을 수 있도록 부모가 도와야 한다.

내적동기를 만드는 말

어렵지만 네가 이 일에 성공하면 이 부분만큼은 척척박사가 될걸! 너
  의 능력을 믿어봐.

네가 좋은 정보를 선택한 것 같아. 이 일은 너희 반 친구들이 입양가
  족을 이해하는 데 좋은 기회가 되겠구나.

네가 즐거워하는 부분이니까 재미있게 탄생할 것 같아.

어렵지만 새로운 기술을 배우는 기회가 될 것 같구나.

운동에 집중하고 있는 모습을 볼 때마다 응원하고 있단다.

외적동기를 만드는 말

100점 맞으면 스마트 폰 교체해 줄게.

밥 먹으면 용돈 줄게.

방 청소하면 네가 갖고 싶어하는 가방 사줄게.

식당에서 뛰지 않으면 문구점 가서 갖고 싶은 거 사줄게.

숙제하면 게임을 할 수 있는 시간 줄게.

34

아이의 마음을 여는 엄마의 말 (보디랭귀지)

말의 친절은 자신감을 만들고 친절은 심오함을 만든다.
- 노자

좋은 말투는 엄마의 감성에서

다둥이 엄마인 나는 대화할 때, 아이에 따라 말투가 자동으로 달라지는 것을 느낀다. MZ 세대로 장성한 큰아이들과는 친구처럼 말이 잘 통해 편안하게 수다를 떤다. 사춘기에 들어선 아이에게는 고구마 세 개를 입에 문 것처럼 말 한마디도 조심스럽다. 그리고 사소한 일로 감정이 상할까 봐 주의를 기울인다. 그리고 초등학생 막둥이와 대화할 때는 나도 모르게 코맹맹이 소리가 나온다. 이렇듯 누구와 말하느냐에 따라 또는 주어진 상황에 따라 말투는 달라진다.

내 아이를 대하는 말투를 생각해본 적 있는가? 맞장구로 호응을 잘 해주는가? 혹시 나도 모르게 (습관처럼) 아이에게 퉁명스럽게 반응하고 있지는 않은가?

"은우가 자꾸 귀찮게 한단 말이야. 짜증 나." "은우는 아직 어리잖아. 너는 형이고." "싫어! 왜 내가 매일 참아야 하는데."

원리원칙을 내세우면 아이와 갈등이 생기고, 결국 엄마의 잔소리로 상황이 종료된다. 이렇게 말해보면 어떨까?

"은우가 자꾸 귀찮게 한단 말이야. 짜증 나." "은우가 귀찮게 해서 화가 났구나." "숙제하는데 자꾸 찌르고, 지우개를 가져가서 숨겼어." "이런! 화날만하네. 어떻게 하면 좋을까?" "숙제할 땐 은우가 내 방에 들어오지 못하게 도와줬으면 좋겠어."

반복하는 말이지만(그만큼 중요하다는 뜻), 아이의 입장이 되어 감정을 읽어주는 것만으로도 아이의 마음은 진정이 된다. 시시비비를 따지는 것이 아니라 그 순간만큼은 온전히 '아이의 입장'이 되어 이야기를 듣고 반응하는 것이다. 나는 이를 '엄마의 감성'이라고 부른다. 엄마의 뛰어난 감성은 큰 힘을 발휘한다.

성장할수록 아이는 점점 자신의 주장이 강해진다. 그러다 보면 자신도 모르는 사이 상처 주는 말을 아이에게 할 때가 있다. 이 같은 실수를 반복하지 않기 위해서는 엄마 자신의 마음부터 잘 챙겨야 한다. 그래야 입으로 나오는 말도 잘 다스릴 수 있다. 말 때문에 아이와의 관계가 서먹해지는 게 아니라, 말 덕분에 관계가 친밀해지는 것이 중요하다.

대물림 되는 말투

우리 가족은 입양 가족이라고 앞서 언급했다. 한 지붕 아래에서 여느 가족과 다름없이 살아간다. 엄격하게 따지면 우리는 유전자를 공유하지 않았고, 각자 자신만의 고유한 유전자를 갖고 있다. 그런데도 가끔은 소름이 끼칠 정도로 놀라울 때가 있다. 집에 전화를 걸었는데 셋째인지, 넷째인지 구분이 안 될 때이다. 아이들은 말투뿐만이 아니라 목소리까지 닮아간다. 엄마인 나조차도 구분이 어렵다.

아이의 말투가 마음에 들지 않는다면, 그 말투는 누구한테 학습된 것일까? 아이의 말투는 부모로부터 얻는다. 부모가 사용하는 단어나 말투를 아이는 가족이라는 울타리 안에서 그대로 학습한다. 의식적으로라도 긍정적이고 기분 좋게 대화하는 노력을 해야 한다. 아이 말에 별 반응이 없거나 무시하는 듯한 말투도 아이가 그대로 따라 하고 있다는 것을 기억해야 한다.

긍정적인 생각이 친절하고 따뜻한 말을 만들고, 부정적인 말은 불안과 두려움을 만들어 거친 생각을 고스란히 대물림시킨다. 좋은 말투는 결코 하루아침에 형성되지 않는다. 아이를 위해 매일 연습하고 사용해서 습관이 되도록 해야 한다.

주체적인 삶을 살아가는 필수 역량 중 하나가 의사소통 능력이다. 아이는 부모에게 배운 말투와 행동으로 다른 사람들과 소통한다. 그러면서 다양한 미디어의 노출이나 교육의 영향을 받으며 고유한 언어 정체성을 형성해 나간다. 좋은 말투는 선한 영향력을 발휘해 깊고 풍성한 인간관계를 만든다.

말투를 품격있게 높여주는 보디랭귀지

대화의 상당 부분은 비언어적 커뮤니케이션이 차지한다. 눈의 움직임, 표정, 목소리 톤, 제스처 등의 보디랭귀지말이다. 보디랭귀지는 언어로 표현하기 어려운 디테일한 감정, 의도, 문맥 등을 전달할 때도 사용된다. 입으로는 거짓말을 할 수 있지만, 몸에서 나오는 반응은 진실 그대로이다.

만약 엄마로부터 한숨, 일방적으로 뺏는 듯한 행동, 눈 마주치지 않기, 짜증 섞인 말투, 팔짱 끼기 등의 부정적 보디랭귀지를 경험한 아이는 자신을 수용 받지 못하고 무능한 존재로 생각한다. 도움을 요청하지 못하고 늘 망설이며, 엄마와 문제를 공유하고 싶어도 자신감이 없어 문제를 혼자 떠안는다. 반대로 엄마의 긍정적 보디랭귀지를 경험한 아이는 풀기 힘든 문제를 엄마와 적극 공유하고 최선의 해결방안을 찾으려 노력한다. 엄마의 눈빛과 몸짓은 공감과 지지를 전달하는 사랑의 매개체임을 잊어서는 안 된다.

대화할 때 밝은 에너지가 느껴져 좋은 분위기를 연출하는 사람이 있는가 하면, 부정적 말투로 감정을 상하게 하고 무거운 분위기를 만드는 사람도 있다. 대부분 사람들은 긍정적인 사람과 함께 있는 것을 선호한다. 아이도 마찬가지이다. 성장할

수록 부모의 말투에 매우 예민해진다. 엄마의 한마디로 행복과 절망 사이를 오가기도 한다. 우리는 친밀한 관계일수록 경계심이 풀어져 거르는 것 없이 마음대로 말하고 행동한다. 충분히 이해해 줄 거라는 생각에 자신의 말투를 신경쓰지 않는다. 하지만 반복적이고 부정적인 소통은 아이의 마음만 다치게 한다. 나의 한마디(보디랭귀지 포함)가 아이의 남은 인생을 좌우한다는 것을 잊지 말자. 나의 말투와 보디랭귀지를 다시 한번 점검하자.

아이 마음을 열게 하는 보디랭귀지와 말

[미소 지으며]힘들어도 끝까지 노력하더니 해냈구나!

[어깨를 토닥이며]더 생각해 보고 힘들면 엄마 부를래?

[귀를 기울이고 고개를 끄덕이며]많이 속상했구나.

[속상한 표정으로]정말 화가 났겠구나.

[나지막한 목소리로 따뜻하게]엄마는 늘 네 편이야.

아이 마음을 닫게 하는 보디랭귀지와 말

[물건을 뺏으며]몇 번을 말해? 압수야.

[한숨을 쉬며]너 몇 학년인데 아직도 이걸 모르니?

[눈을 마주치지 않고]그래, 잘 만들었네.

[팔짱을 끼고]너는 늘 같은 실수야. 변한 게 없어.

[흘겨 보며]너 때문에 엄마가 얼마나 힘든 줄 알아?

35

배려심을 키우는
엄마의 말

내가 원하지 않는 것을 남에게도 하지 말아라.
- 공자

배려심의 부족으로 일어나는 학교폭력

2023년 한국교육개발원에서 발표한 '2022년 2차 학교폭력 실태조사 분석보고서(초등 4학년부터 고등 2학년 대상의 조사)'를 보면 같은 반 학생에 의한 학교 폭력 피해가 68.3%로 나온다. 피해 유형은 언어폭력 69.1%, 신체폭력 27.3%, 집단 따돌림 21.3%, 사이버 폭력 13.9%, 성폭력 9.5% 순이다. 학생들에게 학교 폭력이 생기는 이유를 물었더니 66.4%가 '장난이나 특별한 이유 없이'라고 답했다.

학교 폭력은 매우 가까운 곳에서 장난기 섞인 욕설 같은 것으로 아주 자연스럽게 일어난다. 폭력을 행사하는 아이들 대부분은 도덕적인 가치와 기본적인 매너에 대한 이해가 부족하다. 자기중심적인 생각을 하다 보니 친구와 갈등을 자주 경험하고 나아가 단체 생활 자체를 힘들어한다.

이런 아이들에게 필요한 것이 '배려적 사고'이다. 배려적 사고란 다른 사람을 존중하며 관심으로 도움을 실천할 수 있도록 이끌어주는 힘으로 윤리적, 정서적 가치를 부여한다. 공공 선에 협력하고 참여하게 하여 사회성을 높여주는 역할을 한다.

배려를 가르치는 방법

배려를 받은 사람은 배려해준 사람에게 보상해야 한다는 심리적 부담을 갖는다. 미국의 교육자이자 철학자인 넬 나딩스(Nell Noddings)는 배려 윤리학자로 따뜻한 배려를 주고받는 것은 인간사회의 보편적인 현상이기 때문에 배려가 교육의 핵심이라고 주장했다.

엄마의 배려 교육 4단계

1. 모델링(경청 및 공감)

네 얘기를 듣고 싶어. / 어떤 생각이 들어? / 어떤 감정을 느끼고 있어? / 그랬구나, 엄마도 그럴 때가 있었어. / 너의 마음이 이해가 돼. / 불안했구나.

2. 대화(도움 제시)

엄마가 어떻게 도와주면 될까? / 혼자만의 시간이 필요하다면 충분히 생각하고 나와. / 숙제를 완성할 수 있도록 엄마가 필요한 부분을 검색해주면 도움이 될 것 같은데 네 생각은 어떠니?

3. 실천

4. 확인(피드백)

무척 궁금했지만 네가 방에서 스스로 나올 때까지 배려하고 싶어서

기다렸어. / 엄마가 도와준 부분이 도움이 되었니? / 네가 속상할 땐 엄마가 언제든지 오늘처럼 달려갈게.

나딩스는 아이에게 배려를 교육하기 위한 좋은 방법으로 다음의 네 가지를 제시했다. 첫 번째는 모델링이다. 모델링은 아이가 무엇을 원하는지 파악하는 경청과 공감이다. 두 번째는 필요한 것을 대화로 제시하는 것이다. 배려는 어느 한 쪽의 일방으로 이루어질 수 없어서 때문에 배려받는 사람이 상대방의 호의(배려)를 수용해야 성립이 된다. 세 번째는 실천이다. 내가 도와줄 수 있는 능력을 갖추고 있어야 한다. 네 번째는 배려에 대한 확인이다. 나를 위해 엄마가 어떤 노력을 하고 있는지 아이가 알아야 한다. 그래야 아이는 엄마로부터 배려의 참뜻과 가치를 배운다. 배려의 의미를 말하지 않으면 아이는 당연한 권리로 오해한다.

자기표현은 배려의 시작

우리 집 오 남매 중 넷째 딸은 다른 아이들에 비해 유난히 자신의 감정, 원하는 것 등을 잘 표현하지 않았다. 원하는 것이 무엇인지 물어볼수록 자신의 마음을 더 감추었다. 까다로운 기질이기도 해서 신학기가 되면 어김없이 입을 닫고 살았다. 친구를 사귀는 데에도 많은 시간이 걸렸다. 하지만 커갈수록 조금씩 자기표현을 하고 사회성도 좋아졌다.

자기표현은 내가 원하는 것을 충족시킬 수 있는 가장 좋은 수단이다. 제대로 표현하지 못하면 장기적으로 성격에 부정적 영향을 미친다. 자기표현을 어려워하는 아이는 본심을 말하는 데에 꽤 큰 용기를 필요로 한다. 그리고 당황하면 본심을 숨기고 과격한 행동을 하기도 한다.

엄마는 아이의 기질과 성격을 파악해서 편안하게 표현하는 방법을 알려주고 연습시켜야 한다. 자기표현을 못 하는 아이는 대부분 기질적인 영향이 크다. 그리고 양육 환경도 중요하다. 엄마가 아이의 감정을 무시하고 감정표현에 대해 인색하면 아이도 자기표현을 잘하지 못한다.

원하는 것을 당당하게 표현하도록 가르쳐야 원하는 삶을 살수 있다. 양보하고 싶지 않은데 표현할 줄 몰라 양보를 강요받기도 하고, 도움을 주고 싶어도 표현할 줄 몰라 인색한 사람이 되기도 한다. 용기를 주며 말과 행동으로 자신의 의견을 적극 표현할 기회를 만들어 주는 것이 중요하다.

전문적인 기술을 갖고서 혼자서 처리하는 일보다 여러 사람과 어울려 해결해야 하는 일이 점점 늘고 있다. 이때 필요한 것이 배려심이다. 배려심은 협력에 필수적인 공감, 경청 등과 같은 강력한 인간관계 기술을 개발하는 데 없어서는 안 될 요소다. 사려 깊은 행동, 자기 조절 능력, 공감과 배려 같은 높은 차원의 감성은 인공지능이 대신할 수 없다. 배려는 첨단 기술과 자동화 시대에 효과적인 협업, 도덕적인 의사결정, 책임감 있는 시민 의식에 필수적인 기술과 가치를 지향한다. 새로운 아이디어와 기술이 계속 진화하는 세상에서 다른 사람을 배려하고 협력하는 아이는 시대가 원하는 인재가 될 확률이 높다.

자기표현을 하도록 돕는 말

던지지 말고 속상하다고 말하면 되는 거야. 그럼 엄마가 같이해 줄 수

있어.

친구와 같이 가고 싶으면 "학교 같이 갈래?"라고 말해보는 거야.

원하는 게 있을 땐 엄마를 큰 소리로 불러.

속상해서 울었구나. 엄마도 울면 기분이 좀 나아지더라.

엄마가 아팠는데 네가 설거지를 도와줘서 큰 힘이 됐어.

자기표현을 하지 못하게 막는 말

던지지 말라고 몇 번을 말해야 알아듣니.

넌 왜 말을 못해?

시시콜콜 다 해달라고 좀 하지 마, 귀찮아.

울 일이 그렇게 없어? 별일도 아닌데 울고 그래.

눈치가 그렇게 없어? 엄마가 아플 땐 좀 스스로 해라.

36

친구와 갈등이 있는 아이에게 필요한 엄마의 말

생각을 바꾸면 세상이 바뀐다.
- 노먼 빈센트 필

문제를 차분하게 보게 하는 힘, 멈춤(스톱)

갈등은 두 개 이상의 의견이 부딪힐 때 생긴다. 갈등 상황에서는 긍정적인 감정을 가지기 어렵다. 오히려 부정적인 감정과 밀접하게 연결된다. 부정적인 감정은 판단을 흐리게 한다. 문제를 직시하지 못하게 하고 감정의 늪에 빠지게 한다. 갈등을 차분히 풀려면 문제와 사람을 분리해서 보아야 한다.

부정적인 감정에 휩싸일 때 신체는 자동적인 반응을 한다. 나는 흥분하면 목소리가 떨린다. 아이도 마찬가지다. 화가 나면 어떤 몸의 신호가 아이를 덮친다. 이때 '멈춤(스톱)'을 하는 것이 중요하다. 어른들도 화가 나면 앞뒤 가리지 않고 덤벼들기 마련인데, 아이에게 멈춤을 가르치고, 이를 실행하라고 얘기하는 것은 무척 어려운 일이다. 하지만 문제 상황이라는 걸 아는 것은 매우 중요하다(그것 하나만 해도 성공이다). 알고 모르고는 큰 차이다. 지금 화가 났다면, 멈춤이 필요하다고 느낀다면, 잠시 화장실을 다녀오거나 물을 먹거나 하면서 감정 조절을 할 수 있다고 알려줘야 한다.

멈춤을 했다고 해서 갑자기 마음이 차분해지는 것은 아니다. 일시적으로 부정적 감정이 가라앉을 수는 있지만, 문제가 해결되는 것은 아니다. 이성적인 생각을 통해 문제 해결을 꾀해야 한다. 방법은 앞에서도 잠깐 얘기한 것처럼 문제와 사람을 분리해서 보는 것이다. 성인은 연습하면 어느 정도 이러한 이성적 사고가 가능하지만 아이는 그렇지 못하다. 이때 부모의 도움이 필요하다.

갈등해결의 핵심은 사람과 문제를 분리하는 것

초등학생의 스트레스 대부분은 가족, 친구, 학습, 외모, 학교생활 등이다. 앞에서 살펴본 조사 결과를 보게 되면, 주로 상대방을 별명으로 부르며 놀리거나 욕하고 험담하는 언어 공격이 가장 크다. 아이들의 언어 공격은 시간과 장소를 가리지 않는다.

"엄마, 지민이 못됐어. 내가 기다리고 있는 걸 알면서도, 다른 친구랑 밥 먹으러 갔어. 항상 그래." "친구를 기다렸는데 속상했겠구나. 결국 혼자 올라가서 화가 많이 났구나." "응, 속상해서 울었어." (충분한 공감이 있은 후) "엄마가 궁금한데 말이야, 지민이가 항상 다른 친구랑 밥 먹으러 가고, 너는 늘 기다렸니?"

아이는 '지민이가 못된 사람이다'라고 낙인 찍고 있으며, '항상 그래'라는 말로 일반화시켰다. 이러한 생각이 꼬리에 꼬리를 물면 부정적 생각으로 연결되어 결국 본인만 힘들어진다. 엄마의 역할은 시시비비를 가리기 전에 아이의 감정을 알아주는 것에서부터 출발해야 한다. 그래야 아이도 자신의 문제를 바로 볼 수 있다. 그리고 취조하는 말투가 되지 않도록 주의해야 한다. 자칫 아이를 비난하는 말투가 되면 본능적으로 방어 자세가 만들어져 원활한 대화가 이루어지지 않는다. "너 때문"이 아니라 "문제가 무엇일까?" "어떻게 하면 해결할 수 있을까?"라고 질문해야 아이는 문제를 분리해서 볼 수 있다.

하지만 대화를 하다 "됐어" "그만해"라고 대화를 마무리할 때도 있다. 화가 나서 감정이 고조된 경우이거나, 회피하고 싶을 때이다. 더 대화하면 오히려 역효과가 날 것 같아 그만두는 경우이다. 잠시 멈추더라도 주고받은 말 이면의 아이가 진심으로 원하는 것이 무엇인지 생각해보는 것이 중요하다. 다만 추측은 금물이다.

"원래 지민이는 너와 같이 다녔는데 왜 그랬을까? 혹시 오전에 불편한 일이 있었니?" "지민이는 혼자 급식실에 온 너를 보고 어떤 기분이 들었을까?" "너는 앞으로 지민이와 어떻게 지내고 싶어?"

추측은 문제의 원인을 증폭하는 기폭제다. 중립적인 질문을 통해 아이가 진짜 원하는 것을 알아가도록 도와야 한다. 충분히 듣고 공감해야 아이의 솔직한 마음을 들을 수 있다. 아이는 늘 억울함과 속상함을 느낀다. 경청과 공감이 필요하고 중요한 이유다.

초등학생이 되면 자기중심적인 사고에서 벗어나 다른 사람의 생각과 감정에 대해 이해하기 시작한다. 대개 성인은 갈등이 생기면 시시비비를 가리는 부분에 초점을 두며 때로는 관계가 단절되기도 한다. 그러나 이 시기 아이들은 다투는 이유가 성인들과 좀 다르다. 사소한 일에 다투었다가 또 언제 그랬냐는 듯 다시 웃으며 함께 놀기도 한다. 갈등이 없다면 성장과 변화도 없다. 갈등 자체보다 이를 어떻게 해결할 수 있는지, 해결방법이 더 중요하다. 만약 해결 방법이 적절하지 않다면 자신과 타인에게 상처를 주는 결과가 된다. 아이에게 꼭 가르쳐주어야 할 것도 갈등을 해결하는 방법이다.

자신의 문제(갈등)를 차분히 볼 수 있게 하는 말

지금은 화가 많이 난 상태인 것 같아. 조금 더 마음을 가라앉히고 얘

　기해 볼까?

친구가 그런 말을 할 때 너는 마음이 어땠어?

화가 나면 엄마는 말이 떨리더라. 넌 어떤 반응이 오니?

화가 치밀어 오를 때는 잠시 대화를 멈추고 밖으로 나가서 깊이 숨을

　들이마시고, 내쉬어봐.

대안을 찾기 위해 엄마 스스로 자신에게 해야 하는 질문

아이가 진정으로 바라는 것은 무엇일까?

아이의 친구는 이 상황에 대해 어떻게 생각하고 있을까?

아이의 친구는 어떤 감정을 느끼고 있을까?

아이와 아이의 친구가 원하는 것은 무엇일까?

37

욕하지 않는 아이로
만드는
엄마의 말

험담은 세 사람을 죽인다.
험담을 말하는 자, 험담의 대상자, 험담의 말을 듣는 자.
- 미드라쉬

디지털 리터러시

'디지털 리터러시'(Digital Literacy)는 디지털 시대를 살아가기 위한 중요한 생존 기술이다. 미국의 저술가 폴 길스터(Paul Gilster)는 그의 저서 『디지털 리터러시』에서 인터넷에서 검색한 여러 문서를 볼 때 신뢰성을 판단하기 위해 요구되는 비판적 사고 능력을 '디지털 리터러시'라고 했다. 좀 더 나아가 다양한 형태의 정보를 이해하고 자신의 활용 목적에 맞게 최적화하고 조합할 수 있는 능력이라고 강조했다.

스마트기기를 활용하는 교육이 광범해질수록 교육 현장에서도 디지털 리터러시의 역량이 갈수록 중요하게 취급받는다. 그리고 그와 별도로 기본적인 디지털 에티켓(넓은 범위에서는 디지털 리터러시에 해당한다)을 배우는 것은 사이버 공간에서 자신을 보호하는 중요한 활동이다.

딸이 5학년 때 있었던 일이다. 되도록 아이들의 사생활을 보호해주고자 하지만, 휴대폰을 개통할 때 기본 규칙을 정한 것이 있어서 엄마에게 핸드폰을 반납해야 하는 일이 생겼다. 그러다 아이의 핸드폰에서 친구들과 주고받은 카톡 메시지를 보고는 충격을 받았다. 아이는 여러 개의 오픈 채팅방에 가입되어 있었는데 익명의 상대방으로부터 이름, 나이, 전화번호, 키, 몸무게 등과 함께 사진을 요구받는 내용의 채팅이 있었다. 아이는 같은 반 다른 친구들도 오픈 채팅방에서 대화를 많이 한다고 했다. 그날 밤, 아이와 디지털 세계에 대한 대화를 깊이 나누었다. 먼저, 아이에게 개인 정보의 소중함에 대해 알려주었다. 불특정 다수가 있는 온라인에서 정보를 공유할 때 주의해야 하는 사항과 비밀번호를 안전하게 관리하는 방법에 대해서도 알려주었다. 유튜브나 검색을 통해서 얻는 정보들을 무조건 신뢰해서는 안 되는 이유에 대해서도 설명했다.

아이들이 잘 알 것 같지만, 디지털 세계는 아이에게는 또 다른 미지의 공간일 뿐이다. 디지털 세상을 이용하는 방법을 가르치는 것은 공부를 가르치는 것만큼이나 중요하다.

사이버 폭력으로부터 보호하기

스마트폰이 일반화되면서 아이들은 상상 이상으로 이메일, 오픈 채팅 애플리케이션, SNS 등 다양한 곳에서 온라인 활동을 한다. 이런 흐름에 따라 사이버 폭력이라는 갈등도 빈번하게 발생한다. 우리나라는 『학교폭력예방 및 대책에 관한 법률』에서 '사이버 따돌림'이라는 용어를 공식적으로 규정하고 있다. 온라인에서의 협박, 강요, 폭력 등의 괴롭힘을 지칭하는 말이다.

초등 저학년은 사이버 폭력의 영향력이 그리 크지 않다. 하지만 고학년으로 넘어가면 문제가 크다. 일반적으로 초등학생은 현실과 온라인 세계를 잘 구분하지 못한다. 그래서 온라인 공간에서 언어폭력을 접하게 되면 옳고 그름에 대한 판단 없이 그대로 모방하거나 수용한다.

아이가 사이버 폭력을 당했다면 엄마는 먼저 침착해야 한다. 다쳤을 마음에 공감하며 차분하게 대응하는 방법을 알려야 한다. 무엇보다 또래에게 자신의 마음을 분명히 밝히고 정확하게 표현하도록 아이의 용기를 북돋는 것이 중요하다.

"나는 네게 괴롭힘을 당하기 싫어. 그만두도록 해." "SNS에서의 말과 행동이 나를 상처 주고 있어. 그런 행동을 그만두었으면 해."

동시에 관련된 자료를 수집해야 한다. 채팅 기록이나 사진과 영상 등을 저장하여 만약에 있을 일에 대비해야 한다. 그리고 폭력 수위에 따라 어떻게 처리할 것인지 아이와 의논해야 한다.

온라인에서 이루어지는 폭력은 시간과 공간의 제한 없이 이루어진다. 피해 사례도 다양하며 후유증도 오프라인 폭력보다 크다. 그래서인지 아이들은 사이버 폭력을 당했을 때 주변 어른들에게 도움을 요청하는 것을 어려워한다. 그래서 부모의 세심한 관찰이 필요하다.

SNS에서의 욕설은 무서운 언어폭력

욕설은 학교 폭력의 근본적인 원인이다. 스마트폰 사용 연령이 점점 더 저연령화되면서 내적인 성숙이 덜 이루어진 아이들은 SNS에서 주고받는 욕설에 대해 죄책감을 갖지 않는다. 익명성과 비대면성이라는 특성으로 무차별적인 욕설 공간이 되는 예도 있다. 실제로 또래를 SNS 등으로 초대해 입에 담지 못할 욕설을 집단적으로 하기도 한다. 갈수록 물리적 폭력보다 정서적 폭력 사례가 많다.

요즘 아이들은 문화적 동질감의 하나로 욕설을 쓴다. 또래 관계에서 존재감을 확인하거나 무시당하지 않기 위해 혹은 친밀함의 표현으로 욕설을 사용한다. 하지만 욕설은 다른 사람을 저주하며 모욕감을 주는 말이다. 무분별한 욕설은 관계를 악화하는 요인이 된다. 무분별하게 사용되는 욕설로 누군가는 상처를 입고, 누군가는 우울증을 호소하고, 또 누군가는 극단적인 선택을 한다. 아이가 알 수 있도록 설명해야 한다.

리터러시는 글을 읽고 쓰고 이해하는 문해력을 말한다. 시대마다 요구하는 리터러시 역량은 다르다. 모든 일이 온라인으로 이뤄지는 현대 사회 역시 과거와는 다른 리터러시를 요구한다. 디지털 공간은 또 하나의 삶의 공간이다. 올바른 인터넷 문화,

건전한 SNS 사용을 구체적으로 가르쳐야 한다. 우리 아이가 건강하게 자신의 역량을 펼칠 수 있도록 디지털 에티켓(디지털 리터러시)를 알려주자.

디지털 리터러시 기본 에티켓을 알려주는 말

[비밀번호에 대한 설명]비밀번호는 영문, 숫자, 특수문자를 조합해야 해. 생일이나 이름, 전화번호 등 다른 사람이 쉽게 추측할 수 있는 정보는 사용하면 안 돼.

[개인 정보에 대한 설명]인터넷에서는 어떤 사람에게도 나의 소중한 개인 정보(학교명, 주소, 전화번호 등)를 알려서는 안 된단다. 가족이나 신뢰할 만한 사람에게만 말해야 해.

[정보 검색에 대한 설명]정보를 검색할 때, 유명하고 신뢰할 만한 웹사이트를 사용해야 해. 파일을 다운로드할 때, 어떤 파일인지 꼭 확인해야 해. 알 수 없는 링크나 파일은 조심하자.

욕설을 의미를 알게 하는 말

욕으로 친구의 마음에 상처를 준다면 친구를 잃을 수 있어.

욕은 공식적인 자리에서 좋은 평가를 받을 수 없게 한단다.

말은 습관이고 욕도 습관이 될 수 있어.

욕은 다른 사람에게 돌이킬 수 없는 상처를 줄 수 있어.

SNS에서 사용하는 욕설은 누군가에게 큰 상처가 되어서 원하지 않

은 결과를 가져올 수 있단다.

38

자기격려를 돕는 엄마의 말

식물을 키우려면 물이 필요하듯
아이에게는 격려가 필요하다.
- 드라이커스

넘어진 아이를 일으켜 세우는 "격려"

격려는 영어로 'encouragement'이고 라틴어 어원은 'cor'으로 마음, 심장이라는 의미가 있다. 오스트리아의 정신의학자 루돌프 드라이커스(Rudolf Dreikurs)는 격려를 '산소'라고 했다. 산소가 생명 유지에 필수인 것처럼 사람의 정신적 성장과 자기 가치감 그리고 타인과의 건강한 관계 형성에 필수적인 것이 격려다.

초등학생에게는 부모와 선생님의 격려가 매우 중요하다. 격려는 동기부여를 만들어 주고 행동 자체에 집중하도록 도와준다. 그리고 의욕을 샘솟게 하고 문제 해결의 가능성을 만들어 준다. 격려는 마음이 약해지고 스스로에게 실망감이 느껴질 때, 긍정적이고 생동감 있는 상태로 나아가도록 돕는다. 낙담하고 주저앉은 아이가 '나는 못 해'라는 생각에서 벗어나 '나는 할 수 있어'라고 내면의 변화를 도와주는 것도 격려다.

격려는 칭찬과 다르다. 칭찬은 대부분 결과에 초점이 맞춰져 있다면 격려는 노력과 과정에 집중한다. 그래서 건강한 자아를 위해서는 격려가 훨씬 더 중요하다.

칭찬은 모호할 때가 있다. 똑똑하다, 예쁘다, 천재다 같은 말은 주관적이다. 아이가 성장할수록 부모의 이러한 칭찬에 진정성을 느끼지 못한다. 엄마는 내가 제일 똑똑하다고 했는데 막상 학교에 가보니 나보다 공부잘하는 아이들이 많다. 이럴 때 아이는 절망하며 미리 포기한다. 결과가 좋지 않을 때면 실망할 부모가 떠올라 더욱 자신감이 떨어지며 스트레스가 내면을 장악한다. 때로는 결과에 집중한 나머지 다른 사람에게 의지하거나 양심을 속이기도 한다.

"**[칭찬]**선생님이 그러는데 네가 정말 착하대." "**[격려]**선생님께서 목발을 짚고 있는 친구를 네가 도왔다며 칭찬하시더라."

아들러는 개인심리학의 창시자이기도 하다. 아들러는 개인 삶의 의미는 저마다 차이가 있으며, 한 사람의 인생을 이해하려면 생활 양식 전체를 들여다볼 필요가 있다고 말했다. 여기서의 생활 양식이란 인생의 모든 발달 과정으로써 말, 생각, 감정, 행동 등이다. 이러한 관점에서 아들러는 초등학생의 문제 행동은 상당 부분 병리적 문제가 아니라 낙담한 마음에서부터 시작된다고 했다. 아이의 욕구를 외면하고 성적(결과)에만 급급해서 경쟁 심리만 조장한다면, 아이의 마음만 다칠 뿐이라는 것이다. 그리고 이런 환경에 계속 노출되면 아이의 자존감은 낮아질 수밖에 없다. 결과가 아니라 과정에 집중하는 격려가 중요한 이유다.

타인의 말에 휘둘리지 않는 "자기격려"

어려움이 생기면 대부분 가족이나 친구의 조언으로 정답을 찾으려고 하지만 한계는 분명하다. 타인의 지지는 일회성으로 그치는 경우가 대부분이다. 근본적인 해결책이 될 수 없다. 그리고 의지하던 타인이 떠나면 낙담하여 용기를 잃기 쉽다. 외부에 의지하기보다 자신의 내면의 힘으로 극복할 수 있도록 마음 근육을 키워가는 것이 중요하다.

격려를 내면화할 수 있도록 돕는 것은 장기적인 관심으로 볼 때 자생적인 대응력을 키운다는 점에서 매우 중요한 기술이다. 자기격려는 아들러의 개인심리학에서 열등감과 함께 중요한 개념으로 등장한다. 정신과 의사였던 아들러는 상담을 진행하며 낙담한 사람을 변화시키는 요인으로 격려에 주목했다. 미국의 심리학자 돈 딩크마이어(Don Dinkmeyer)도 자기격려에 대해 자신에게 초점을 맞추며 존중과 신뢰를 만드는 과정이라고 정의했다.

딩크마이어는 초등학생의 자기격려 효과에 대해 다음과 같이 정리했다. 첫째, 아이가 책임감을 더욱 강하게 느끼게 되고, 둘째, 다른 사람의 평가에 대해 흔들리지 않으며, 셋째, 다른 사람의 의견보다 자신이 선택한 의견이 탁월했다는 것을 경험하기 시작하면 자기격려 수준이 올라간다. 넷째, 자기격려 능력이 발달할수록 제 생각을 주장하는 용기가 생기고, 마지막으로 자기격려가 발달하면 관심을 얻기 위해 애쓰거나 힘을 과시할 필요가 없어진다는 것이다.

자기격려는 스스로 노력한 부분을 인정하는 것이기 때문에 불안 같은 부정적인 정서를 극복하는 데 매우 효과적이다. 그리고 자신의 긍정적인 부분에 집중하게 하여 실패했더라도 충분히 재도전할 수 있도록 돕는다. 자신을 긍정적으로 내면화하면 다른 사람의 장점을 볼 수 있는 안목도 함께 발달한다.

대화로 완성되는 자기격려

『사피엔스』의 저자로 이스라엘의 유명한 역사학자 유발 하라리(Yuval N. Harari)는 행복을 두고 객관적인 것이 아니라 주관적인 기대치라고 했다. 즉, 기대가 충족되면 행복하다는 것이다. 하지만 아쉽게도 행복은 오래가지 않는다. 일정 수준에 도달하면 우리는 다시 그 이상을 바란다. 개인의 기대치는 다시 올라가고 그에 맞춰 애쓰며 노력한다.

누구나 행복하게 살고 싶지만 개인은 행복에 대한 다른 해석과 정의가 있다. 현대 사회는 물질이 풍요로워지면서 행복에 대한 기대치가 높아졌으나 아이러니하게도 행복하지 않아 다양한 심리적 문제가 발생하기도 한다.

고학년이 되면 사춘기가 시작되고 정체성에 대한 갈등과 수많은 감정의 혼란이 생긴다. 저학년때와는 달리 활력과 의욕을 잃고 무기력해지기도 한다. 이때 자기격려는 문제를 바로 볼 수 있게 도와주고 잠재력을 깨우며 자신에 대해 긍정적인 인식을 하도록 도와준다. 또한 주변에서 일어난 일을 어떻게 해석하고 어떻게 의미 부여를 할지 인생의 방향키 역할도 한다. '나는 괜찮은 사람이야'라는 내면화는 사회에서 꼭 필요한 존재임을 자각하고 삶을 긍정적으로 보게 한다. 나를 신뢰함으로써 세상을 편안하게 살아갈 수 있게 한다. 이러한 자기격려는 부모와의 대화를 통해 만들어진다.

자기격려에 대한 많은 연구들을 살펴보면, 영향을 주는 요인 대부분은 가정 및 주변 환경이다. 특히 부모와의 원만한 소통과 담임교사와의 피드백, 엄마와의 애착 과정과 양육 태도는 밀접한 관련을 맺는다. 자기격려를 잘하는 아이일수록 스트레스 조절을 잘 한다. 그리고 스트레스가 쌓여도 심리적 부적응을 적게 경험한다.

과제를 잘 해내면 자신감이 높아지지만 그렇지 않으면 열등감에 사로잡힌다. 이때 다시 열심히 하게 하는 힘이 격려다. 격려는 스스로에게 용기를 주며 선택한 것에 대한 확신과 자신감을 주는 역할을 한다. 좋은 격려는 자존감을 높이는 수호천사와 같다. 고학년으로 갈수록 칭찬보다 격려가 효과적이다. 그리고 자기격려는 자신이 결정한대로 끝까지 밀고 갈 수 있는 원동력이다. 격려가 내면화되면 자신에게 집중하는 힘이 생긴다. 그러면 다른 사람의 평가에 낙담하거나 흔들리지 않고 마이웨이를 갈 수 있다.

자기격려를 내면화하도록 돕는 말

나눗셈이 어렵다고 하더니 답을 찾으려고 애쓰는 모습이 대견하구나.

어제보다 훨씬 좋아졌어. 연습을 많이 했구나!

참느라고 힘들었지? 그래도 참고 노력하니 모둠 활동 작품이 멋지게
　　나왔어. 참은 보람이 느껴지겠네!

3등 해서 속상했구나. 엄마는 네가 얼마나 노력했는지 알기에 다음이
　　벌써부터 기대가 되는걸!

뒤에 오는 사람을 위해 문을 잡아준 것은 배려야. 잘했어!

자기격려를 내면화하기 어렵게 만드는 말

어제 배웠는데 벌써 잊은 거야?

연습이 부족하니까 실력이 안 늘잖아.

뭐 하나 할 때마다 짜증 내고 화내는 너를 보면 답답해.

등수가 이게 뭐니? 내가 다 창피하구나.

네 일이나 잘해. 다른 사람 신경 쓰지 말고.

에필로그

✳

　나는 결혼 생활 내내 육아를 하고 있다. 큰 아이는 이제 30대 초반이 되었지만 막내가 아직 10살이니 육아에 마침표를 찍으려면 아직 더 달려야 한다.

　나와 마찬가지로 오늘도 구슬땀 흘리며 이리저리 동동거렸을 엄마들을 생각하면 흐뭇한 미소가 나온다. 그리고 때로는 애잔하기도 하다. 그런데 이 책을 쓴 나조차도 글을 쓰는 내내 엄마로서 불완전하고 부족함을 느꼈다. 때로는 주체할 수 없는 눈물이 나오기도 했다. 오 남매를 생각하는 엄마의 마음에서, 그리고 사랑받지 못한 나의 어린 시절의 아픔에서. 하지만 글을 쓰는 것은 깊은 위로의 시간과도 같았다. 아이들을 염려했던 마음은 다시 신뢰라는 끈으로 더 단단해졌다.

책을 쓰면서 나도 모르게 오 남매를 키우던 과거로 소환되어 울고 웃었다. 세 명이나 되는 새엄마를 만나 마음고생을 했던 내가 다 큰 아이들의 새엄마로 (내가 결혼했을 당시 큰 아이가 중학생, 둘째가 초등학생이었다) 나는 그러지 말아야지, 다짐하며 보낸 인내의 세월은 썼다. 때로는 격한 사춘기를 감당하며 감정대로 하고 싶은 날들도 참 많았다. 하지만 시간은 또 그렇게 흐르고 흘러, 이제는 장성한 아이들이 친엄마와도 가깝게 지내면서 나에 대한 애정도 깊게 표현한다.

그런데 꼬맹이 삼 남매를(입양으로 낳은 아이 셋) 키우면서는 큰아이들을 키울 때만큼의 인내심이 부족한가 보다. 마음이 아픈 넷째 딸을 키우면서는 여전히 많이 우는 엄마다. 내 마음이 힘든 것보다 아이의 내면이 얼마나 힘들까 싶어서 아이만 생각하면 바늘이 심장을 찌르는 것처럼 아프다. 그러나 앞으로 수없이 많은 날을 살아갈 아이이기에 오늘도 희망을 다시 떠올린다.

나는 안다. 누군가 나의 눈을 바라보며 따뜻하게 건네주는 말 한마디의 위력을 말이다. 말 한마디가 아이를 절망의 늪에서 나올 수 있도록 해주고, 깜깜한 동굴에서 틈새 빛이 되어 희망을 보게 해준다는 사실을. 어른도 실수할 수 있다. 하지만 아이의 자아를 아프게 하거나 존재를 무시하는 순간, 어린 영혼은 일어설 힘조차 없다. 자존감이 낮아진 아이는 세상을 건강하게 살아갈 수 없다. 반대로 자존감이 높은 아이는 남들보다 가진 게 조금 부족해도 자신의 삶을 주도적으로 살아가며 개척한다.

아이는 부모의 지원 없이는 살아갈 수 없는 존재이다. 부모의 지원으로 사회성을 배우고 건강하게 자립할 준비를 한다. 부모가 해줄 수 있는 것은 제 일을 다른 사람 눈치 보지 않고 주체적으로 결정할 수 있도록 든든한 자존감을 선물해 주는 것이다. 자존감은 부모와의 대화에서 형성된다. 마음을 다해 말 한마디 한마디를 따뜻하게 전해야 하는 이유이다.

오 남매의 엄마로 여전히 좌충우돌하고 여느 육아 맘과 같은 마음으로 동동거리며 살고 있다. 그럼에도 아이의 존재 자체를 인정하고 신뢰하면 어느새 자신의 본래 모습으로 성장하여 자신의 꿈을 펼치고 있을 거라는 믿음을 잊지 않는다.

아이를 편하게 키우기가 참 쉽지 않은 세상에서 엄마로서 살아가느라 참 고생 많은 그대! '엄마'라는 위대한 이름으로 이미 그대는 빛나고 있다. 오늘도 거울을 보고 수고한 그대에게 그리고 나에게 이렇게 말해주고 싶다.

"너 정말 오늘도 잘했어! 그래도 이 정도면 참 멋진 엄마야."

"오늘도 파이팅!"

기적의 엄마 말습관 50
: 훈육부터 격려까지, 모든 상황 모든 대화

초판 1쇄 발행 2024년 7월 8일

지은이 백명진

펴낸이 이승현
디자인 스튜디오 페이지엔

펴낸곳 좋은습관연구소
출판신고 2023년 5월 16일 제 2023-000097호

이메일 buildhabits@naver.com
홈페이지 buildhabits.kr

ISBN 979-11-93639-13-9 (13370)

좋은습관연구소에서는 누구의 글이든 한 권의 책으로 정리할 수 있게 도움을 드리고 있습니다. 메일로 문의주세요.